Vegan BACKEN

Süße Köstlichkeiten bewusst genießen

Vielen Dank an:
Den Oceano Ambar Verlag für seine unglaubliche Arbeit und die dargebotene Möglichkeit, mein zweites Buch zu publizieren. Becky Lawton und ihr Team, die aus diesen Backwaren die leckersten der Welt machten. Mein Team von Lujuria Vegana, das unter Berücksichtigung ethischer Gesichtspunkte das Leben versüßt. Meine Geschäftsfreunde, die mir immer wieder etwas Neues zeigen: Petit Chef Eugeni Muñoz, Sergi Vela, Adriana Ortemberg, Javier Medvedovsky, Restaurante Veg World, Chiara, Adri und Eva vom Restaurant Gopal, Tano, Lola, Andrea, Gervás vom Boom Boom Rest, Dani vom Restaurantes Vegania ... Und an viele andere Freunde, die nicht zu den Geschäftsfreunden zählen, aber auch dafür gesorgt haben, dass dieser Traum wahr wurde.
Vielen Dank auch an AnimaNaturalis, Igualdad Animal, PETA und weitere Organisationen, die sich dafür einsetzen, dass die Welt der Tiere jeden Tag ein bisschen besser wird. Zu guter Letzt ist zu erwähnen, dass dies alles nicht ohne die Unterstützung meiner Partnerin Bere möglich gewesen wäre sowie meiner Familie, die sowohl in guten als auch schlechten Zeiten stets an meiner Seite waren. Ich bin euch von Herzen dankbar.

Toni Rodríguez
Vegan BACKEN

Süße Köstlichkeiten bewusst genießen

EDITION XXL

INHALT

Wie alles begonnen hat	6
Die vegane Konditorei	8
Basis-Zutaten	10
Was Sie benötigen	12
Basis-Zubereitungen	14
Vegan backen	22
Rezept-Register	144

Backzeiten

Die Backzeit für die Cupcakes, Muffins und Mini-Kuchen in diesem Buch beträgt, wenn nicht anders angegeben, je nach Größe ca. 20 bis 35 Minuten. Um sicherzugehen, empfehlen wir Ihnen, die Stäbchenprobe zu machen: Öffnen Sie vorsichtig die Backofentür und stecken Sie einen Zahnstocher oder ein anderes Holzstäbchen in den Teig. Das Gebäck ist fertig, wenn beim Herausziehen kein Teig mehr am Stäbchen kleben bleibt. Beachten Sie bitte, dass die Backofentür keinesfalls in den ersten 10 Minuten geöffnet werden sollte, damit der Teig nicht zusammenfällt!

Wie alles begonnen hat

Es ist noch gar nicht so lange her: 2005 habe ich meinen ersten veganen Kuchen zubereitet, einen Karotten-Rührkuchen mit veganer Kuchenglasur. Ich habe ihn ohne Rezept oder genau dosierte Zutaten hergestellt, doch das Ergebnis war sehr lecker. Das animierte mich, einen zweiten veganen Kuchen zu backen, wieder ohne Rezept. Doch beim zweiten Mal hatte ich weniger Glück und das Ergebnis war miserabel. Also machte ich mich auf die Suche nach guten veganen Backrezepten und durchstöberte das Internet, wurde jedoch kaum fündig. In dieser Zeit kehrte mein Freund Pantxo aus den Vereinigten Staaten zurück und brachte mir ein Buch über vegane Konditorei mit. Meine Englischkenntnisse waren nicht sehr gut und mit Begriffen wie „frosting", „topping", „whipped" oder „dough" konnte ich kaum etwas anfangen. Die Rezepte waren weder illustriert, noch waren die Zubereitungsanweisungen leicht zu verstehen. Also kaufte ich mir einige konventionelle Backbücher und ersetzte Zutaten wie Eier oder Milch durch vegane Zutaten, unter Berücksichtigung der Mengenangaben und der Zubereitungstechniken.

Beim Ausprobieren verschiedener Rührkuchen, Füllungen und Cremes entdeckte ich immer wieder neue Zubereitungsmöglichkeiten und Zutaten. In Spezialgeschäften stieß ich z. B. auf ein Produkt mit dem Namen „egg replacer", ein Eierersatzprodukt, das aus Kartoffelstärke, Tapioka und Xanthan besteht. Auf der Verpackung waren einige Rezepte abgedruckt, die ich ausprobieren wollte. Zunächst testete ich ein Muffin-Rezept. Ich kaufte mir Papierförmchen und befolgte das Rezept Schritt für Schritt. Beim Kosten bemerkte ich gleich, dass der Teig eine bessere Konsistenz hatte, als alle Rezepte, die ich bisher ausprobiert hatte.

Durch dieses gute Ergebnis motiviert nahm ich einen Spritzbeutel und verzierte die Muffins mit Schokoladencreme. Sie waren sehr lecker und für mich ein echtes Erfolgserlebnis.

Seit diesen ersten Schritten in der veganen Backkunst habe ich Tausende von Cupcake-Varianten zubereitet: Rührkuchen mit dunkler oder weißer Schokolade, mit Karotten, getrockneten Früchten und Nüssen, als Red-Velvet-Variante, mit Karamell oder Karamellbonbons, Aprikosen, Mango, Kokosnuss, Himbeeren, Erdbeeren, Kürbis, Zucchini, Pistazien, Kaffee, Heidelbeeren usw. Meistens verwende ich eine vegane Creme, mit Zitrone, Orange, dunkler oder weißer Schokolade, Nüssen oder mit Likör. Und die Liste an Zutaten und Geschmacksrichtungen wird immer länger.

Von New York in die weite Welt …

Cupcakes haben ihren Ursprung in Nordamerika, wo sie bereits zu Beginn des 19. Jahrhunderts gebacken werden. Besondere Bekanntheit erlangten sie jedoch im Jahr 2008 durch die Fernsehserie *Sex and the city* und die Konditorei Magnolia in der Bleecker Street. Kurz darauf brach geradezu ein Cupcake-Fieber aus und die kleinen Kuchen tauchten in Konditoreien, Cafeterias, Restaurants und Teehäusern in ganz Europa auf: süße wie auch salzige Cupcakes, mit und ohne Backförmchen, klein, groß, in verschiedenen Geschmacksrichtungen und Farben. Cupcakes wurden immer beliebter und es entstanden zahlreiche Geschäfte, die auf den Verkauf von Zutaten, Zubehör und Rezepten rund um die kleinen Kuchen spezialisiert waren.

... und aus der weiten Welt zurück

Cupcakes werden gewöhnlich aus Weizenmehl, Zucker, Eiern, Butter, Milch, Vanille oder auch mit Hefe hergestellt. Mit veganen Zutaten können sie aber auch von Menschen verzehrt werden, die unter Laktoseintoleranz oder Laktose- oder Ei-Allergie leiden, bzw. die aus ethischen oder ideologischen Gründen auf Produkte mit tierischen Zutaten verzichten wollen.

In diesem Buch finden Sie eine große Auswahl an Rezepten: Rührkuchen oder Gebäck mit verschiedenen Cremes, Füllungen oder Glasuren, die nach meiner persönlichen Vorliebe ausgewählt wurden. Dabei möchte ich zeigen, wie die verschiedenen Teigarten, Cremes und Toppings (Dekorationen) hergestellt werden. Der Rest ist eine Frage der Kreativität, Kühnheit und Neugier – drei fundamentale Zutaten, die bei der Zubereitung eines leckeren veganen, gesunden und perfekten Cupcakes nicht fehlen dürfen.

Die vegane Konditorei

Die Geschichte der veganen Konditorei ist noch relativ jung. Bisher existiert darüber nur wenig Literatur. Ihre Entwicklung begann in den Vereinigten Staaten. Dort findet man zahlreiche Konditoreien, die sich auf die Herstellung veganer Backwaren spezialisiert haben – ohne Eier, Milchprodukte oder Honig.

Und das, obwohl die Nordamerikaner große Liebhaber von süßen Backwaren und Desserts sind. Von Küste zu Küste findet man dort eine unermessliche Vielfalt an Strudeln, Cannolis, Donuts, Muffins, Cupcakes, Cheesecakes, Zimtschnecken, Keksen, Eis, Sorbets, Spritzkuchen, Croissants, Crumbles, Torten, Pralinen, Bonbons, Biskuits, Karottenkuchen, Cookies, Sablés oder Nougatschnitten, die von Ort zu Ort wieder anders zubereitet werden. Gerade in diesem Bereich wird die multikulturelle Vielfalt dieses Landes ganz deutlich. Auf der anderen Seite setzen sich die Menschen dort seit Jahren besonders engagiert für die Rechte der Tiere ein – eine Tradition, die zur Gründung zahlreicher Tierschutzorganisationen, zu Demonstrationen und Kampagnen gegen die Ausbeutung der Tiere geführt hat. Hinzu kommt die wohlbekannte Dienstleistungsmentalität, durch die sich Nordamerika auszeichnet. All dies führte zur Entstehung einer breiten Produktpalette ohne tierische Zutaten, die mittlerweile nicht nur in spezialisierten Geschäften, sondern auch in vielen Einkaufszentren, Restaurants und Cafeterias erhältlich sind.

Lujuria Vegana: eine süße und gleichzeitig gesunde Verführung

Europa hinkte bei dieser Entwicklung hinterher und hatte einiges aufzuholen. Mittlerweile sind vegane Backwaren, die den amerikanischen geschmacklich in nichts nachstehen, auch in vielen europäischen Städten wie London, Paris, Berlin, Madrid oder Barcelona zu finden. Auch hier gibt es nun vegane Konditoreien sowie Geschäfte, die sich auf den Verkauf von veganen Produkten spezialisiert haben.

Zwar sind es noch nicht wirklich viele vegane Konditoreien, doch die Anzahl an Unternehmen, die vegane Süßspeisen entwickeln, produzieren und verkaufen, steigt stetig an. Eines davon ist *Lujuria Vegana* in Barcelona (www.lujuriavegana.com), dessen Gründung und Entwicklung in diesem Buch beschrieben wird. Seit 2011 produziert das junge Unternehmen jede Art von Kuchen, Cupcakes, Keksen oder Torten – unter vollständigem Verzicht auf tierische Zutaten. Immer mehr Kunden erfreuen sich dieser Produkte, die auch außerhalb Spaniens

angeboten werden und sowohl von Veganern als auch Nicht-Veganern geschätzt werden. Unsere Backwaren mit herrlich glänzenden Glasuren und Dekorationen, lockeren Mousses und cremigen Füllungen stehen qualitativ auf einer Stufe mit den veganen Konditoreien Nordamerikas.

Ein Aufwärtstrend

Nach und nach hat sich auch Spanien auf dem Gebiet der veganen Konditoreien innerhalb Europas und sogar weltweit einen Namen gemacht. In der letzten Zeit ist die Nachfrage nach veganen Süßspeisen enorm gewachsen. Immer mehr Menschen wünschen sich einen veganen Kuchen oder ein Dessert als Nachtisch oder leckere Cupcakes für zwischendurch – ein Trend, auf den einige Konditoreien reagiert haben, indem sie Croissants, Schokoladen-Karotten-Rührkuchen, Spritzkuchen, Cupcakes, Marzipan oder Kekse usw. ohne Eier oder Milchprodukte herstellen. Es ist mittlerweile viel einfacher, ein Essen im Restaurant mit einer veganen Süßspeise abzuschließen, als noch vor einigen Jahren. Und wenn man lieber zu Hause bleiben möchte, dann stellen verschiedene Internetportale eine gute Informationsquelle zu diesem Thema dar:

www.vegan-wondercake.de
(Cupcake-Konditorei in Dortmund)
www.veganblatt.com
(Cupcake-Café in Wien)
www.cupcakesleipzig.wordpress.com
(Cupcake-Café in Leipzig)
www.tigertoertchen.de
(Cupcake-Café und Konditorei in Berlin)
www.cupcakeberlin.de
(Cupcake-Konditorei in Berlin)

Dieses Buch stellt Ihnen zahlreiche Basisrezepte zur Verfügung, die für jede Art von Torten, Kuchen, Keksen oder Brownies verwendet werden können. Sie werden in Ihnen eine wahre Leidenschaft für die vegane Küche entfachen! Viel Erfolg und guten Appetit!

Basis-Zutaten

Bevor Sie mit der Umetzung der Rezepte beginnen, sollten Sie sich mit den Basis-Zutaten vertraut machen. Wer einen guten veganen Kuchen zubereiten möchte, sollte die folgenden Zutaten in der Küche vorrätig haben:

Dunkle Schokolade Hergestellt aus Kakaopaste und Kakaobutter, Sojalezithin und Zucker sowie einigen Aromen wie z. B. Vanille. Sie enthält keine Milch und hat idealerweise einen Kakaoanteil zwischen 50 und 99 %.

Frucht-Püree Zerkleinerte Früchte, die dem Gebäck einen gewissen Anteil an Zucker liefern können. Mit dieser fertig zu kaufenden Zutat kann gesund und bequem ohne vorheriges Schälen und Zerkleinern der Früchte gesüßt werden.

Gewürze Pflanzliche Aromen, zur Verfeinerung von Speisen und Backwaren. Vanille, Muskatnuss, Zimt, Kümmel oder Koriander sind die am häufigsten bei der Herstellung von Desserts verwendeten Gewürze.

Likör Alkoholisches Getränk mit Geschmacksstoffen aus Früchten, Kräutern oder Gewürzen. In der Konditorei wird Likör zur Verfeinerung von Biskuit, Cremes, Mousses oder Füllungen eingesetzt. Ebenso kann dazu alkoholfreier Likör verwendet werden.

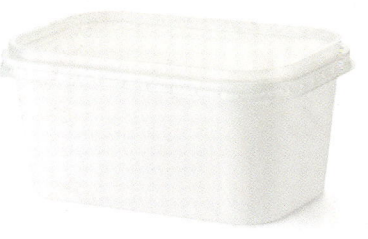

Margarine Sie entstand 1860 aus Wasser und Pflanzenfett als Ersatzprodukt für Butter, die zu jener Zeit knapp war. In der Konditorei verwendet man am besten Margarine mit einem Fettanteil von 80 %, während für den Hausgebrauch meist weiche Sorten angeboten werden, die einen Fettgehalt von 50 % nicht überschreiten. Die gesündesten Margarinesorten enthalten keine Trans-Fettsäuren.

Natron Umgangssprachlich ist Natriumhydrogenkarbonat als Natron bekannt. Bei Temperaturen oberhalb von 50 °C reagiert es mit sauren Substanzen unter anderem zu Kohlendioxid, was den Teig beim Backen aufgehen lässt. Im Handel wird Natron auch als Backsoda oder Kaiser Natron angeboten.

Nusskrokant Mischung aus Zucker und verschiedenen Nüssen. Wird zur Herstellung von Bonbons sowie Cremes und Füllungen verwendet. Mit karamellisiertem Zucker hergestellt bekommt sie einen besonderen und charakteristischen Geschmack.

Pflanzliche Sahne Ein Produkt aus Soja-, Hafer- und Mandelmilch. Sie wird häufig zur Zubereitung jeder Art von Cremes oder Mousses verwendet und kommt auch bei der Herstellung von Biskuit zum Einsatz.

Speisestärke Ein Kohlenhydrat, das in fast allen Gemüsesorten vorzufinden ist. Man verwendet Stärke, um einem Teig, einer Creme oder einer Mousse eine festere Baschaffenheit zu verleihen.

Tofu Veganer Käse, der aus Sojamilch hergestellt wird. Man verwendet Tofu für die Zubereitung von Cremes oder für den Teig.

Vanille Die schotenförmige Frucht einer wilden Orchidee *(Vanilla planifolia)* aus Mexiko. Sie ist ein exzellentes und beliebtes Aroma zum Backen.

Veganer Frischkäse Eine Creme, die aus Tofu, Wasser, pflanzlichen Proteinen und ungehärteten pflanzlichen Fetten hergestellt wird. Man verwendet sie zur Zubereitung von Käsekuchen, Cremes, Mousses oder Füllungen.

Weiße Schokolade ohne Milch (vegan) Hergestellt aus Kakaobutter, Zucker, Vanille, Sojalezithin und gelegentlich Reismehl, wodurch die Schokolade eine festere Beschaffenheit erhält. Sie wird nur von wenigen Herstellern produziert und es könnte schwierig sein, sie zu bekommen.

Zucker und Sirup Weißer Zucker, brauner Zucker, Ahornsirup, Melasse, Agavensirup, Stevia – man kann alle verwenden, um vegan zu backen oder einen Nachtisch zuzubereiten.

Was Sie benötigen

Backformen Für viele Rezepte benötigen Sie spezielle Cupcake- oder Muffinbackformen aus Silikon oder rostfreiem Stahl mit 12 oder mehr Mulden, in die der Teig mit oder ohne Papier-Förmchen hineingegeben wird. Je nach Rezept kommen auch Springformen, Kastenformen oder Backbleche zum Einsatz.

Eislöffel Dieses Werkzeug, ursprünglich zum Portionieren von Eiscreme gedacht, ist sehr praktisch, um den Teig in die Cupcake-Förmchen zu füllen.

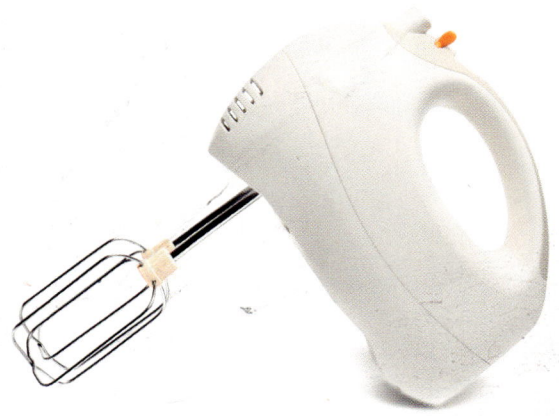

Messbecher Er kann alternativ zur Waage verwendet werden. Die Skala reicht meistens von 50 ml bis 500 ml bzw. einem halben Liter.

Elektrischer Handrührer Ein wichtiges Gerät, um auf schnelle Art und Weise Teig herzustellen oder Cremes von homogener Beschaffenheit zu schlagen.

Kuchengitter Eine Unterlage aus Metalldraht, auf der Cupcakes oder Kuchen schnell abkühlen.

Messlöffel Ein Set aus Löffeln zum Abmessen der Zutaten, meist mit einem Fassungsvermögen von 15 ml (ein Esslöffel), 5 ml (ein Teelöffel), 2,5 ml (½ Teelöffel) und 1,25 ml (¼ Teelöffel).

Papierförmchen Sie sorgen dafür, dass der Teig nicht festbackt, die Füllung nicht anklebt und fertig gebackene Cupcakes leichter aus der Backform gelöst werden können.

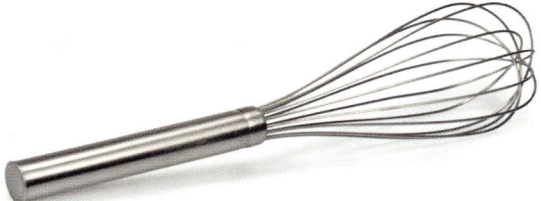

Schneebesen Zum Schlagen von luftigen Teigen und lockeren Cremes.

Sieb Zum Sieben von pulverförmigen Zutaten. Die kleineren Siebe eignen sich auch zum Verzieren der Backwaren mit Zimt, Puderzucker oder Vanillepulver.

Spritztüte Ein Beutel aus Plastik oder Nylon, auf den verschiedene Aufsätze gesteckt werden können, um das Gebäck zu verzieren.

Teigrolle Rolle aus Holz oder Plastik, um einen Teig oder Boden auszurollen.

Teigschaber Zum Auskratzen von Teig aus einem Gefäß und zum Verstreichen von Cremes geeignet.

Tüllen für Spritztüten Es gibt sie in verschiedenen Ausführungen. Man steckt sie auf Spritztüten, um die Backwaren zu dekorieren.

Waage Zum exakten Abwiegen von Zutaten, was bei der Zubereitung von Cupcakes sehr wichtig ist.

Zahnstocher oder kleines Holzstäbchen Damit wird geprüft, ob das Gebäck fertig gebacken ist: Den Zahnstocher kurz vor Ende der angegebenen Backzeit in den Teig stecken. Bleibt beim Herausziehen kein Teig daran kleben, ist das Gebäck fertig gebacken.

Basis-Zubereitungen

Im folgenden Kapitel finden Sie grundlegende Zubereitungen von veganen Cremes, Glasuren und Sablé-Teig, die sich problemlos nach Belieben abwandeln lassen. Die vorgestellten Basis-Rezepte werden Ihnen bei einigen Rezepten im Hauptteil wieder begegnen. Es lohnt sich also, sich mit den grundlegenden Zubereitungsmethoden vertraut zu machen, um später optimale Ergebnisse zu erzielen!

TOFFEE

Zutaten
250 g brauner Zucker
50 g Glukose (optional)
¼ TL Salz
160 ml Wasser
150 ml pflanzliche Sahne

1 Den Zucker, die Glukose, das Salz und 90 ml Wasser in einem Topf vermischen und bei mittlerer Temperatur erhitzen, bis der Zucker karamellisiert. Den Topf vom Herd nehmen, wenn die Mischung Blasen wirft und golden wird.

2 In einem weiteren Topf die Sahne mit dem restlichen Wasser vermischen. Bei mittlerer Temperatur zum Kochen bringen. Die Sahne zur Karamellmischung hinzufügen und weiterhin bei mittlerer Temperatur erhitzen. Mit einem Holz- oder Silikonlöffel gut umrühren, damit nichts am Rand oder am Boden anbrennt. Das Toffee ist fertig, sobald der Löffel Karamellfäden zieht.

3 Das Toffee kann bei Zimmertemperatur in einem Plastikbehälter, mit Frischhaltefolie abgedeckt, aufbewahrt werden.

Frischkäsecreme mit AHORNSIRUP

Zutaten
100 g Margarine
90 g Ahornsirup
375 g veganer Frischkäse
150 ml pflanzliche Schlagsahne

1 Die Margarine in einer Schüssel mit dem Ahornsirup verrühren, bis eine feine, gleichmäßige Creme entsteht.

2 Den Frischkäse dazugeben und die Mischung 2 Minuten mit dem elektrischen Handrührer mixen, bis keine Klumpen mehr vorhanden sind. Die Crememasse sollte sich gut von den Rändern und vom Boden der Schüssel lösen.

3 Die pflanzliche Schlagsahne steif schlagen und sie zur Crememasse hinzufügen. Mit einem Silikon-Teigschaber weiter umrühren. Die Creme sofort weiterverarbeiten oder im Kühlschrank aufbewahren und dann vor der Weiterverarbeitung eine halbe Stunde bei Zimmertemperatur stehen lassen.

Creme aus FRISCHKÄSE

Zutaten
85 g Margarine
110 g Puderzucker
375 g veganer Frischkäse
150 ml pflanzliche Schlagsahne

1 Die Margarine einige Minuten vor der Verarbeitung aus dem Kühlschrank nehmen. In einer Schüssel mit dem Puderzucker cremig rühren.

2 Den Frischkäse hinzufügen und alles zu einer geschmeidigen und klumpenfreien Masse schlagen.

3 Die Sahne schlagen und mit einem Teigschaber unter die Creme heben. Die Käsecreme sofort weiterverarbeiten oder im Kühlschrank aufbewahren und dann vor der Weiterverarbeitung einige Minuten bei Zimmertemperatur stehen lassen.

Frischkäsecreme mit SCHOKOLADE

Zutaten
100 g Schokolade (50 % Kakaoanteil)
65 g Margarine
110 g Puderzucker
300 g veganer Frischkäse
160 ml pflanzliche Schlagsahne

1. Die Schokolade in der Mikrowelle oder im Wasserbad schmelzen und anschließend bei Zimmertemperatur abkühlen lassen, wobei sie jedoch flüssig bleiben sollte. Die Margarine und den Zucker vermengen, bis eine klumpenfreie Creme entsteht.

2. Die geschmolzene Schokolade zur Margarine-Zucker-Mischung hinzufügen und das Ganze mit dem elektrischen Handrührer gut mixen. Den Frischkäse unterheben und 2 Minuten weiterrühren, bis keine Klumpen mehr sichtbar sind oder Reste an der Schüsselwand oder am Schüsselboden kleben.

3. Die pflanzliche Schlagsahne steif schlagen und zur Schokoladen-Frischkäse-Mischung geben. Das Ganze mithilfe eines Teigschabers gut vermischen und sofort weiterverarbeiten oder im Kühlschrank aufbewahren. Vor der Weiterverarbeitung eine halbe Stunde bei Zimmertemperatur stehen lassen.

Creme mit SCHOKOLADE und Sahne

Zutaten
175 ml pflanzliche Sahne
100 g Schokolade (70 % Kakaoanteil)
190 g Margarine
330 g Puderzucker
1 EL Vanilleextrakt

1. Die pflanzliche Sahne in einem Topf erhitzen, bis sie zu kochen beginnt. Die Schokolade hinzugeben und gut mit dem Schneebesen verrühren, bis sich die Schokolade aufgelöst hat. Die Mischung bei Zimmertemperatur auf 20 °C abkühlen lassen.

2. Die Margarine mit der Hälfte des Puderzuckers in eine Schüssel geben und verrühren, bis keine Klumpen mehr vorhanden sind. Nach und nach den Rest des Puderzuckers sowie die Vanilleextrakt hinzufügen.

3. Zuletzt die Schokoladen-Sahne-Mischung unterheben und das Ganze so lange schlagen, bis eine feine, gleichmäßige Creme entsteht.

Toffee & Cremes

Creme mit SCHOKOLADE und Margarine

Zutaten
170 g Margarine
60 g Schokolade (70 % Kakaoanteil)
475 g Puderzucker
4 EL Sojamilch
Aroma (Vanille, Zitrone) oder Alkohol

1. Die Schokolade in der Mikrowelle oder im Wasserbad schmelzen. Bevor sie mit der Margarine vermischt wird, sollte sie gut abkühlen, damit die Margarine nicht schmilzt.

2. Die Margarine in einer Schüssel mit der Schokolade gut verrühren und die Hälfte des Puderzuckers hinzufügen. Die Mischung mit dem elektrischen Handrührer klumpenfrei schlagen.

3. Nach und nach unter ständigem Rühren den Rest des Zuckers sowie die Sojamilch hinzufügen. Das Aroma oder den Alkohol dazugeben und weiterrühren. Die Creme kann je nach Geschmack mit der abgeriebenen Schale von Zitrusfrüchten, Aromaextrakten, Flüssigaromen oder gefriergetrockneten Früchten geschmacklich verfeinert werden.

Creme mit TOFFEE

Zutaten
80 g vegane weiße Schokolade
190 g Margarine
400 g Puderzucker
90 g Toffee (Rezept s. S. 16)
2 EL Sojamilch
2 TL Vanilleextrakt

1. Die Schokolade in der Mikrowelle oder im Wasserbad schmelzen. Bevor sie mit der Margarine vermischt wird, sollte sie gut abkühlen, damit die Margarine nicht schmilzt.

2. Die Margarine mit der Schokolade in einer Schüssel vermengen und die Hälfte des Puderzuckers hinzufügen. Mit dem elektrischen Handrührer glatt und klumpenfrei rühren.

3. Nach und nach unter ständigem Rühren den restlichen Zucker, das Toffee und die Sojamilch hinzufügen. Zum Schluss den Vanilleextrakt dazugeben und das Gemisch zu einer feinen gleichmäßigen Creme verrühren.

Creme mit MARGARINE

Zutaten
230 g Margarine
475 g Puderzucker
2 EL Sojamilch
Aroma (Vanille, Zitrone) oder Alkohol

1. Die Margarine mit der Hälfte des Puderzuckers in einer Schüssel vermischen und mit dem elektrischen Handrührgerät schlagen, bis keine Klumpen mehr vorhanden sind.

2. Nach und nach den restlichen Zucker dazugeben und die Sojamilch einrühren, während die Mischung weiter geschlagen wird.

3. Das Aroma oder den Alkohol hinzufügen und die Mischung zu einer gleichmäßigen Creme schlagen. Je nach Geschmack können Sie die Creme mit der abgeriebenen Schale von Zitrusfrüchten, Aromaextrakten, Flüssigaromen oder gefriergetrockneten Früchten verfeinern.

Sahnecreme mit WEISSER Schokolade

Zutaten
400 ml pflanzliche Schlagsahne
40 ml Wasser
1 Vanilleschote
210 g vegane weiße Schokolade

1. Die Schlagsahne in einem Topf mit dem Wasser vermischen. Die Vanilleschote in der Mitte aufschneiden und mit einem Messer das Mark herauskratzen. Das Mark und die Schote in den Topf geben. Bei geringer Temperatur erhitzen, bis das Gemisch zu kochen beginnt. Einige Minuten lang köcheln lassen, damit sich die Sahne gut mit der Vanille vermischt, und dann beiseitestellen.

2. Die weiße Schokolade in eine Schüssel geben und nach und nach die Sahnemischung darübergießen. Mithilfe eines Schneebesens oder eines elektrischen Handrührers zu einer geschmeidigen, klumpenfreien Mischung verrühren.

3. Die fertige Creme einen Tag lang im Kühlschrank kühlen. Kurz vor der Weiterverarbeitung mit einem Schneebesen kräftig aufschlagen und dann sofort verwenden.

Glasur mit ZUCKER

Zutaten
150 ml Flüssigkeit (Wasser, Sojamilch, Orangensaft, Zitronensaft, Apfelsaft, Bananensaft usw.)
600 g Puderzucker

1. Die Flüssigkeit mit dem Puderzucker in einer Schüssel vermengen und das Ganze mit dem elektrischen Handrührer kräftig schlagen, bis keine Klumpen mehr vorhanden sind. Mit der fertigen Mischung können Kuchen oder Gebäck glasiert werden, auch mithilfe einer Spritztüte.

Glasur mit SCHOKOLADE

Zutaten
60 ml pflanzliche Sahne
130 ml Wasser
120 g Zucker
15 g Glukose (optional)
40 g Kakao
1 EL Vanilleextrakt
165 g Schokolade (70 % Kakaoanteil)

1. Die Sahne mit dem Wasser, dem Zucker, der Glukose, dem Kakao und dem Vanilleextrakt in einem Topf vermengen und das Gemisch unter ständigem Rühren bei mittlerer Temperatur erhitzen.

2. Die Schokolade in eine Schüssel geben und die Kakao-Sahne-Mischung nach und nach hinzufügen, sobald diese zu kochen beginnt. Mithilfe eines Schneebesens oder elektrischen Handrührers gut vermengen, bis ein feines, klumpenfreies Gemisch entsteht.

3. Die Glasur im Kühlschrank aufbewahren und vor der Weiterverarbeitung kurz in der Mikrowelle oder im Wasserbad erhitzen.

Marmelade mit HIMBEEREN

Zutaten
250 g Himbeersaft
80 ml Wasser
200 g Zucker
5 g Agar-Agar

1. Alle Zutaten in einer Schüssel vermengen, bis der Agar-Agar komplett aufgelöst ist. Das Gemisch erhitzen, bis es zu kochen beginnt.

2. Das Ganze in ein hohes Gefäß geben und im Kühlschrank aufbewahren, bis es geliert ist.

3. Die Masse zu einer cremigen Marmelade verrühren. Statt Himbeersaft kann jede Art von Saft, Sirup oder Fruchtpüree verwendet werden. Gegebenenfalls noch etwas Wasser hinzufügen.

Sablés mit SCHOKOLADE

Zutaten
190 g Margarine
200 g brauner Zucker
220 g Weizenmehl
40 g Kakaopulver
¼ TL Salz
½ TL Backpulver
210 g Schokolade (70 % Kakaoanteil)
1 EL Vanilleextrakt

1 Die Margarine mit dem Zucker in einer Schüssel vermengen. In einer weiteren Schüssel das Mehl mit dem Kakao, dem Salz und dem Backpulver vermischen. Die Schokolade mindestens 2 Stunden lang im Kühlschrank aufbewahren. Danach die Schokolade mit der Küchenmaschine zerkleinern.

2 Die Mehlmischung zur Margarine-Zucker-Mischung geben und das Ganze zu einer geschmeidigen Mischung verarbeiten. Die Schokolade und die Vanille hinzufügen. Weiterhin sanft verrühren, damit der Sablé nicht zu fest wird, sondern nach dem Backen seine charakteristische sandige Beschaffenheit erhält.

3 Den Backofen auf 170 °C vorheizen. Eine Teigrolle formen und in Scheiben schneiden. Die Teigscheiben auf ein mit Backpapier belegtes Backblech legen und 8 Minuten im Backofen backen.

Sablés „DIAMANT"

Zutaten
270 g Margarine
120 g Zucker
385 g Weizenmehl
1 EL Vanilleextrakt
1 Prise Salz

1 In einer Schüssel die Margarine mit dem Zucker vermischen. Nun das Mehl, die Vanille und das Salz hinzufügen. Die Mischung gut kneten, um die Zutaten zu vermengen, aber nicht zu lange, damit der Sablé seine sandige Textur erhält.

2 Den Teig eingepackt in Frischhaltefolie mindestens 2 Stunden lang im Kühlschrank aufbewahren. Im Anschluss mit dem Teig eine Rolle formen und in Scheiben schneiden.

3 In einer mit Zucker gefüllten Schale die Teigscheiben panieren und dann auf ein mit Backpapier bedecktes Backblech legen und 7 Minuten lang bei 170 °C backen, bis die Ränder golden sind.

Vegan BACKEN

Auf einen üppig belegten Cupcake zum Nachmittagskaffee oder ein leckeres süßes Teilchen für zwischendurch muss man auch bei veganer Ernährung nicht verzichten. Lassen Sie sich von Köstlichkeiten wie Cupcake Tiramisu, Magdalenas mit Orangen-Zitronen-Sahne oder Mini-Kuchen mit Erdbeeren und Veilchensahne überraschen!

Cupcakes mit SCHOKOLADE und Banane

Zutaten *für 12 Stück*

Für den Teig:
230 g Weizenmehl
220 g Zucker
70 g Kakao
½ TL Salz
2 TL Backpulver
½ TL Natron
1 Banane
200 ml Sojamilch
140 ml Sonnenblumenöl
1 TL Vanilleextrakt

Für die Dekoration:
750 g Frischkäsecreme mit Schokolade (Rezept s. S. 17)
1 Banane
Zucker

1. Den Backofen auf 180 °C vorheizen. Alle trockenen Zutaten (Mehl, Zucker, Kakao, Salz, Backpulver und Natron) in einer Schüssel vermengen. Die Banane schälen und in 1 cm große Würfel schneiden. Die Sojamilch, das Öl, den Vanilleextrakt und die Bananenwürfel hinzugeben. Alles mit einem Schneebesen gut verrühren. Die Cupcake-Förmchen bis zur Hälfte mit dem Teig füllen.

2. Die Cupcakes im Backofen backen und herausnehmen, wenn die Garprobe mit dem Stäbchen gelingt. Die Cupcakes einige Stunden kühl lagern.

3. Für die Dekoration die Banane schälen und in Scheiben schneiden. Etwas Zucker in einer Pfanne erhitzen und bei niedriger Temperatur karamellisieren. Nun die Bananenscheiben hinzugeben und von beiden Seiten einige Sekunden im Karamell schwenken. Herausnehmen und beiseitestellen.

4. Die Cupcakes mit der Frischkäsecreme mit Schokolade dekorieren und jeweils eine Bananenscheibe darauf legen. Vor dem Servieren einige Stunden im Kühlschrank kühlen.

Cupcakes mit Schokolade und Banane

Cupcakes mit Matcha-Tee und Schokoladensahne

Zutaten *für 12 Stück*

Für den Teig:

270 g Weizenmehl
200 g Zucker
½ TL Salz
30 g grüner Matcha-Tee
2 TL Backpulver
½ TL Natron
220 ml Sojamilch
1 TL Vanilleextrakt
140 ml Sonnenblumenöl

Für die Dekoration:

410 ml pflanzliche Sahne
30 g Zucker
70 g Schokolade (50 % Kakaoanteil)

1. Den Backofen auf 180 °C vorheizen. In einer Schüssel alle trockenen Zutaten (Mehl, Zucker, Salz, Tee, Backpulver und Natron) vermengen. Die Sojamilch, den Vanilleextrakt und das Öl hinzufügen. Mithilfe eines Schneebesens alles gut verrühren. Die Cupcake-Förmchen bis zur Hälfte mit dem Teig befüllen.

2. Die Cupcakes im Backofen backen und herausnehmen, wenn die Garprobe mit dem Stäbchen gelingt. Einige Stunden kühl lagern.

3. Für die Dekoration die Sahne und den Zucker bei niedriger Temperatur erhitzen, bis das Gemisch zu kochen beginnt. Die Sahne in eine Schüssel geben und die Schokolade hinzufügen. Alles zu einer geschmeidigen, klumpenfreien Creme verrühren und im Anschluss ca. 4 Stunden im Kühlschrank kühlen. Die Creme aufschlagen und die Cupcakes damit dekorieren.

Cupcakes mit ORANGE und Lakritz

Zutaten *für 12 Stück*

Für den Teig:
- 300 g Weizenmehl
- 220 g Zucker
- ½ Teelöffel Salz
- 2 TL Backpulver
- ½ TL Natron
- 1 Orange, unbehandelt
- 160 ml Sonnenblumenöl

Für die Dekoration:
- 720 g Creme aus Frischkäse (Rezept s. S. 16)
- 2 EL Lakritzpaste
- etwas abgeriebene Schale einer Orange, unbehandelt

1. Den Backofen auf 180 °C vorheizen. In einer Schüssel die trockenen Zutaten (Mehl, Zucker, Salz, Backpulver und Natron) vermischen. Die Orangenschale abreiben und mit 200 ml Wasser und dem Öl in die Schüssel geben. Mit einem Schneebesen gut vermischen. Die Cupcake-Förmchen bis zur Hälfte mit dem Teig befüllen.

2. Die Cupcakes im Backofen backen und herausnehmen, wenn die Garprobe mit dem Stäbchen gelingt. Einige Stunden kühl lagern.

3. Für die Dekoration die Käsecreme mit der Lakritzpaste mischen. Die Cupcakes mit der Käse-Lakritz-Creme dekorieren und mit etwas Orangenschale bestreuen.

Cupcakes mit MATCHA-TEE und Sesam

Zutaten *für 12 Stück*

Für den Teig:
270 g Weizenmehl
30 g grüner Matcha-Tee
200 g Zucker
½ TL Salz
2 TL Backpulver
½ TL Natron
220 ml Sojamilch
1 TL Vanilleextrakt
140 ml Sonnenblumenöl
Sesam

Für die Dekoration:
720 g Creme aus Frischkäse
　(Rezept s. S. 16)
grüner Matcha-Tee

1. Den Backofen auf 180 °C vorheizen. In einer Schüssel die trockenen Zutaten (Mehl, Tee, Zucker, Salz, Backpulver und Natron) vermengen. Die Sojamilch, den Vanilleextrakt und das Öl hinzufügen und das Ganze mit einem Schneebesen gut vermischen. Auf den Boden der Cupcake-Förmchen großzügig Sesam streuen. Jedes Förmchen bis zur Hälfte mit Teig befüllen.

2. Die Cupcakes im Backofen backen und herausnehmen, wenn die Garprobe mit dem Stäbchen gelingt. Einige Stunden kühl lagern.

3. Die Cupcakes mit der Frischkäsecreme dekorieren und mit Matcha-Tee-Pulver bestreuen.

Cupcakes mit KOKOSNUSS

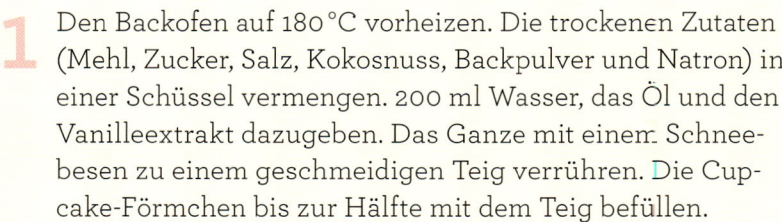

Zutaten *für 12 Stück*

Für den Teig:
300 g Weizenmehl
220 g Zucker
½ TL Salz
2 EL frische Kokosnuss, gerieben
2 TL Backpulver
½ TL Natron
160 ml Sonnenblumenöl
1 TL Vanilleextrakt

Für die Kugeln:
¼ Tasse Kokosnussöl
½ Tasse Kokosnussraspel
½ Tasse Mandelmehl
¼ Tasse Agavensirup
Kokosnussraspel zum Panieren

Für die Dekoration:
720 g Creme aus Frischkäse
   (Rezept s. S. 16)
Kokosnussraspel

1 Den Backofen auf 180 °C vorheizen. Die trockenen Zutaten (Mehl, Zucker, Salz, Kokosnuss, Backpulver und Natron) in einer Schüssel vermengen. 200 ml Wasser, das Öl und den Vanilleextrakt dazugeben. Das Ganze mit einem Schneebesen zu einem geschmeidigen Teig verrühren. Die Cupcake-Förmchen bis zur Hälfte mit dem Teig befüllen.

2 Die Cupcakes im Backofen backen und herausnehmen, wenn die Garprobe mit dem Stäbchen gelingt. Einige Stunden kühl stellen.

3 Für die Kokoskugeln das Kokosnussöl im Wasserbad erwärmen und schmelzen. Die Kokosnussraspel, das Mandelmehl, den Sirup und das Kokosnussöl vermischen und daraus eine feste, gleichmäßige Masse herstellen. Aus dem Teig kleine Kugeln formen und diese in Kokosnussraspel wälzen. Die Kugeln einige Stunden im Kühlschrank kühl stellen.

4 Die Cupcakes mit Frischkäsecreme dekorieren und im Kühlschrank kühlen. Die Kokosnussraspel in einer heißen Pfanne rösten und auf einen Teller geben. Die Cupcakes nun mit einer Handvoll gerösteter Kokosnussraspel dekorieren, indem der Rand der Käsecreme vorsichtig über den Teller gerollt wird. Zum Abschluss jeweils mit einer Kugel verzieren.

Cupcakes mit Kokosnuss

Cupcakes mit Kürbis und Walnuss

Zutaten *für 12 Stück*

Für den Teig:
300 g Weizenmehl
220 g Zucker
½ TL Salz
1 TL Zimt
2 TL Backpulver
½ TL Natron
210 g Kürbis
70 g Walnüsse
120 ml Sojamilch
160 ml Sonnenblumenöl

Für die Dekoration:
720 g Creme aus Frischkäse
 (Rezept s. S. 16)
80 g Kürbis, gekocht
Walnüsse, grob gehackt
Muskatnuss

1. Den Backofen auf 180 °C vorheizen. Die trockenen Zutaten (Mehl, Zucker, Salz, Zimt, Backpulver und Natron) in einer Schüssel vermengen. Den Kürbis in Würfel schneiden, davon 130 g für den Teig und 80 g für die Creme getrennt gar kochen. In separaten Schüsseln aufbewahren. Die 130 g Kürbis zu einem Püree verarbeiten. Die 80 g gekochten Kürbis mit einer Gabel zerdrücken. Die Nüsse in kleine Stücke hacken. Die trockenen Zutaten mit der Sojamilch, dem Kürbis-Püree und dem Öl verrühren. Mit einem Schneebesen alles gut vermischen. Die Nüsse dazugeben und nochmals gut verrühren. Die Cupcake-Förmchen bis zur Hälfte mit Teig befüllen.

2. Die Cupcakes im Backofen backen und herausnehmen, wenn die Garprobe mit dem Stäbchen gelingt. Einige Stunden kühl stellen. Dann die Frischkäsecreme mit dem zerdrückten Kürbis vermischen.

3. Die Cupcakes mit der Käse-Kürbis-Creme verzieren und mit gehackten Nüssen bestreuen. Etwas Muskatnuss darüber reiben.

Cupcakes mit BIRNEN und Ahornsirup

Zutaten *für 12 Stück*

Für den Teig:
300 g Weizenmehl
220 g Zucker
½ TL Salz
2 TL Backpulver
½ TL Natron
1 Birne
160 ml Sojamilch
160 ml Sonnenblumenöl
1 TL Vanilleextrakt

Für das Kompott:
1 Birne
6 Aprikosen, getrocknet
70 g Rosinen
125 g Heidelbeeren
80 g Zucker
1 EL Cointreau
½ TL Zimt

Für die Dekoration:
720 g Frischkäsecreme mit Ahornsirup (Rezept s. S. 16)

1. Den Backofen auf 180 °C vorheizen. Die trockenen Zutaten (Mehl, Zucker, Salz, Backpulver und Natron) in einer Schüssel vermengen. Die Birne schälen, in 1 cm große Würfel schneiden und in einem Topf mit Wasser bedeckt bei geringer Hitze ca. 2 Minuten kochen. Abschütten und bei Zimmertemperatur aufbewahren. Die Sojamilch, das Öl und den Vanilleextrakt zu den trockenen Zutaten geben. Alles mit einem Schneebesen gut verrühren. Die Birnenwürfel in den Teig einrühren und dabei etwas zerkleinern. Die Cupcake-Förmchen bis zur Hälfte mit Teig befüllen.

2. Die Cupcakes im Backofen backen und herausnehmen, wenn die Garprobe mit dem Stäbchen gelingt. Einige Stunden kühl stellen.

3. Für das Kompott die Birne schälen und in 1 cm große Würfel schneiden. Die Aprikosen und die Rosinen hacken und in einen Topf geben. Die Birnenwürfel, die Heidelbeeren, den Zucker, den Cointreau sowie den Zimt dazugeben. Das Gemisch erhitzen und 10 Minuten unter gelegentlichem behutsamen Umrühren köcheln. Die Heidelbeeren sollten dabei nicht zermatscht werden. Das Kompott im Kühlschrank aufbewahren, bis es lauwarm ist.

4. Die Frischkäsecreme mit Ahornsirup in einen Spritzbeutel füllen und die Cupcakes ringförmig damit verzieren. In die Mitte das Birnen-Heidelbeer-Kompott füllen. 2 Stunden im Kühlschrank kühlen und kalt servieren.

Cupcakes „SACHERTORTE"

Zutaten *für 12 Stück*

Für den Teig:
260 g Weizenmehl
220 g Zucker
40 g Kakao
40 g Mandelmehl
½ TL Salz
2 TL Backpulver
½ TL Natron
200 ml Sojamilch
120 ml Sonnenblumenöl
1 TL Vanilleextrakt

Für die Dekoration:
Schokoladenglasur
300 ml pflanzliche Schlagsahne
Aprikosenmarmelade

1 Den Backofen auf 180 °C vorheizen. Die trockenen Zutaten (Mehl, Zucker, Kakao, Mandelmehl, Salz, Backpulver und Natron) in einer Schüssel vermengen. Die Sojamilch, das Öl und den Vanilleextrakt hinzufügen und das Ganze mit einem Schneebesen verrühren. Die Cupcake-Förmchen bis zur Hälfte mit dem Teig befüllen.

2 Die Cupcakes im Backofen backen und herausnehmen, wenn die Garprobe mit dem Stäbchen gelingt. Einige Stunden kühl stellen.

3 Die Cupcakes horizontal jeweils in 3 gleich große Teile schneiden. Die Schokoladenglasur erhitzen und die Cupcakes damit füllen. Die Aprikosenmarmelade auf jeweils 2 Teile streichen und alle Teile wieder zusammensetzen. Die Cupcakes mit Schokoladenglasur bestreichen und im Kühlschrank 1 Stunde kühlen. Die Sahne schlagen und die Cupcakes damit verzieren.

Cupcakes „APFELSTRUDEL"

Zutaten *für 12 Stück*

Für den Teig:
3 Äpfel
1 Zitrone, unbehandelt
180 g Zucker
70 ml Rum
90 g Rosinen
1 TL Zimt, gemahlen
Blätterteig
Öl
Zucker

Für die Dekoration:
300 ml pflanzliche Schlagsahne
12 Zimtstangen
Zimt, gemahlen

1. Die Äpfel schälen und entkernen. In 1 cm große Würfel schneiden und beiseitestellen. Die Schale der Zitrone abreiben. 100 g Zucker, den Rum, 160 ml Wasser und die Rosinen in einen Topf geben und zum Kochen bringen. Das Gemisch 10 Minuten bei geringer Hitze köcheln. Die Mischung etwas abkühlen lassen und in die Schüssel zu den anderern Zutaten geben. Die Apfelwürfel und die Zitronenschale hinzufügen. Den restlichen Zucker und den Zimt dazugeben und alles gut verrühren.

2. Den Backofen auf 190 °C vorheizen. Den Blätterteig in Quadrate schneiden und die Backförmchen damit bis zum Rand sorgfältig auskleiden, sodass der Blätterteig nicht bricht. Die Apfelmischung einfüllen und mit einem weiteren Stück Blätterteig bedecken. Die Oberfläche mit etwas Öl bestreichen und mit Zucker bestreuen.

3. Den Apfelstrudel im Backofen backen, bis der Blätterteig goldbraun ist. Herausnehmen, etwas abkühlen lassen und aus den Förmchen lösen.

4. Die Sahne steif schlagen und damit die Cupcakes dekorieren. Jeweils mit einer Zimtstange verzieren und mit etwas Zimtpulver bestreuen.

Cupcakes mit SCHLAGSAHNE und Karamell

Zutaten *für 12 Stück*

Für den Teig:
300 g Weizenmehl
220 g Zucker
½ TL Salz
2 TL Backpulver
½ TL Natron
180 ml Sojamilch
120 ml Sonnenblumenöl
1 TL Vanilleextrakt

Für die Kaffeelösung:
5 EL löslicher Kaffee
400 g Wasser

Für die Dekoration:
350 ml pflanzliche Schlagsahne
1 TL Kaffee, gemahlen
Toffee (Rezept s. S. 16)

1 Den Backofen auf 180 °C vorheizen. Die trockenen Zutaten (Mehl, Zucker, Salz, Backpulver und Natron) in einer Schüssel vermengen. Die Sojamilch, das Öl und das Vanilleextrakt dazugeben und alles mit einem Schneebesen gut verrühren. Die Cupcake-Förmchen bis zur Hälfte mit Teig befüllen.

2 Die Cupcakes im Backofen backen und herausnehmen, wenn die Garprobe mit dem Stäbchen gelingt. Zwei Stunden kühl stellen.

3 400 ml Wasser zum Kochen bringen, den Kaffee einrühren und etwas abkühlen lassen. Die obere Hälfte der Cupcakes abschneiden und mit Kaffee tränken. Danach 30 Minuten ins Gefrierfach stellen.

4 Die Sahne schlagen und mit dem gemahlenen Kaffee vermischen. Die Cupcakes damit dekorieren. Je nach Geschmack mit etwas Toffee verzieren.

Cupcakes mit Schlagsahne und Karamell

Cupcakes mit Vanille und weißer Schokolade

Zutaten *für 12 Stück*

Für den Teig:
- 200 g Weizenmehl
- 220 g Zucker
- ½ TL Salz
- 2 TL Backpulver
- ½ TL Natron
- 100 g vegane weiße Schokolade
- 100 g Maismehl
- 180 ml Sojamilch
- 110 ml Sonnenblumenöl
- 1 TL Vanilleextrakt

Für die Rumlösung:
- 70 ml Rum
- 100 g Zucker
- 2 Vanilleschoten

Für die Dekoration:
- 100 g vegane weiße Schokolade
- 600 ml Sahnecreme mit weißer Schokolade (Rezept s. S. 19)
- Vanillepulver

1. Den Backofen auf 180 °C vorheizen. Die trockenen Zutaten (Mehl, Zucker, Salz, Backpulver und Natron) in einer Schüssel vermengen. Die Schokolade in 1 cm große Würfel zerkleinern. In einer zweiten Schüssel das Maismehl mit der Milch, dem Öl und dem Vanilleextrakt mit einem Schneebesen gut verrühren, dann mit den trockenen Zutaten und der Schokolade vermischen und kräftig weiter rühren. Die Cupcake-Förmchen bis zur Hälfte mit Teig befüllen.

2. Die Cupcakes im Backofen backen und herausnehmen, wenn die Garprobe mit dem Stäbchen gelingt. Einige Stunden kühl stellen.

3. Für die Rumlösung 100 ml Wasser mit dem Rum und dem Zucker vermischen. Die Vanilleschote in der Mitte aufschneiden, mit einem Messer das Mark herauskratzen und zusammen mit der Schote in einen Topf geben. Das Gemisch zum Kochen bringen und dann etwas abkühlen lassen. Jeweils die obere Hälfte der Cupcakes abschneiden und in der Rumlösung tränken. Eine Stunde im Kühlschrank kühlen.

4. Für die Dekoration die Schokolade im Wasserbad schmelzen und auf ein Stück Backpapier geben. 10 Minuten im Kühlschrank fest werden lassen und dann in Streifen schneiden. Die Schokoladenstreifen weitere 30 Minuten im Kühlschrank kühlen. Die Cupcakes mit der Sahnecreme und Vanillepulver dekorieren. Jeweils mit einem Stück weißer Schokolade belegen oder mit gehackter weißer Schokolade bestreuen.

Cupcakes „TIRAMISU"

Zutaten *für 12 Stück*

Für den Teig:
300 g Weizenmehl
220 g Zucker
½ TL Salz
2 TL Backpulver
½ TL Natron
180 ml Sojamilch
120 ml Sonnenblumenöl
1 TL Vanilleextrakt

Für die Kaffeelösung:
5 EL löslichen Kaffee
40 g Amaretto
150 g Zucker

Für die Dekoration:
250 ml pflanzliche Schlagsahne
250 g veganer Frischkäse
1 EL Kaffee, gemahlen
2 EL Amaretto
Kakao
einige Sablés mit Schokolade
  (Rezept s. S. 21)

1 Den Backofen auf 180 °C vorheizen. Die trockenen Zutaten (Mehl, Zucker, Salz, Backpulver und Natron) in einer Schüssel vermengen. Die Sojamilch, das Öl und den Vanilleextrakt hinzufügen und das Ganze mit einem Schneebesen vermengen. Die Cupcake-Förmchen bis zur Hälfte mit Teig befüllen.

2 Die Cupcakes im Backofen backen und herausnehmen, wenn die Garprobe mit dem Stäbchen gelingt. Einige Stunden kühlen.

3 Für die Kaffeelösung 200 ml Wasser erhitzen und den Kaffee, den Amaretto und den Zucker einrühren. Die Kaffeemischung etwas abkühlen lassen. Die obere Hälfte der Cupcakes vorsichtig abschneiden und in die Kaffeelösung tauchen. 2 Stunden im Kühlschrank kühlen.

4 Für die Dekoration die Sahne steif schlagen und mit dem Frischkäse vermischen. Den gemahlenen Kaffee sowie den Amaretto hinzufügen und alles zu einer gleichmäßigen Creme verrühren. Die Cupcakes mit der Creme bestreichen und die obere Hälfte jeweils wieder daraufsetzen. Mit der Creme dekorieren und mit Kakaopulver bestreuen. Die Schokoladen-Sablés zerbröckeln und die Cupcakes damit bestreuen.

Cupcakes mit TOFFEE

Zutaten *für 12 Stück*

Für den Teig:
300 g Weizenmehl
180 g brauner Zucker
½ TL Salz
2 TL Backpulver
½ TL Natron
200 ml Sojamilch
50 g Toffee-Fudge, zerkleinert
160 ml Sonnenblumenöl
1 TL Vanilleextrakt

Für die Dekoration:
80 g Toffee (Rezept s. S. 16)
720 g Creme aus Frischkäse (Rezept s. S. 16)
Toffee-Fudge, zerkleinert
Sablés „Diamant" (Rezept s. S. 21)

1 Den Backofen auf 180 °C vorheizen. Die trockenen Zutaten (Mehl, Zucker, Salz, Backpulver und Natron) in einer Schüssel vermengen. Die Sojamilch, das Toffee-Fudge, das Öl und den Vanilleextrakt hinzufügen. Das Ganze mit einem Schneebesen gut verrühren. Die Cupcake-Förmchen bis zur Hälfte mit Teig befüllen.

2 Die Cupcakes im Backofen backen und herausnehmen, wenn die Garprobe mit dem Stäbchen gelingt. Einige Stunden kühl stellen.

3 Für die Dekoration das Toffee mit der Creme aus Frischkäse mischen und die Cupcakes damit verzieren. Mit den etwas zerbröselten Sablés bestreuen und mit Toffee-Fudge-Stückchen verzieren.

44 Vegan backen

Cupcakes „RED VELVET"

Zutaten *für 12 Stück*

Für den Teig:
290 g Weizenmehl
220 g Zucker
10 g Kakao
½ TL Salz
2 TL Backpulver
½ TL Natron
200 ml Sojamilch
160 ml Sonnenblumenöl
½ TL rote Lebensmittelfarbe
2 TL Vanilleextrakt

Für die Dekoration:
100 g vegane weiße Schokolade
12 Kirschen
720 g Creme aus Frischkäse
(Rezept s. S. 16)

1. Den Backofen auf 180 °C vorheizen. In einer Schüssel die trockenen Zutaten (Mehl, Zucker, Kakao, Salz, Backpulver und Natron) vermengen. Die Sojamilch, das Öl, die Lebensmittelfarbe und den Vanilleextrakt hinzufügen und mit einem Schneebesen kräftig verrühren. Die Cupcake-Förmchen bis zur Hälfte mit Teig befüllen.

2. Die Cupcakes im Backofen backen und herausnehmen, wenn die Garprobe mit dem Stäbchen gelingt. 2 Stunden kühl stellen.

3. Die weiße Schokolade im Wasserbad schmelzen und etwas abkühlen lassen. Die Kirschen in die Schokolade tauchen und auf einen Teller mit Backpapier legen. Ca. 1 Stunde im Kühlschrank kühlen. Die Cupcakes mit der Frischkäsecreme und jeweils mit einer Schokoladenkirsche dekorieren.

Cupcakes mit PISTAZIEN und Himbeeren

Zutaten *für 12 Stück*

Für den Teig:
300 g Weizenmehl
220 g Zucker
½ TL Salz
2 TL Backpulver
½ TL Natron
100 g grüne Pistazien
140 ml Sonnenblumenöl
1 TL Vanilleextrakt

Für die Dekoration:
600 g Sahnecreme mit weißer
   Schokolade (Rezept s. S. 19)
Marmelade mit Himbeeren
   (Rezept s. S. 20)
Pistazien

1 Den Backofen auf 180 °C vorheizen. In einer Schüssel die trockenen Zutaten (Mehl, Zucker, Salz, Backpulver und Natron) vermengen. Die Pistazien hacken und mit 200 ml Wasser, dem Öl und dem Vanilleextrakt in die Schüssel geben. Mit einem Schneebesen gut vermengen. Die Cupcake-Förmchen bis zur Hälfte mit Teig befüllen.

2 Die Cupcakes im Backofen backen und herausnehmen, wenn die Garprobe mit dem Stäbchen gelingt. Einige Stunden lang kühl stellen.

3 Mithilfe eines Messers in die obere Hälfte des Cupcakes ein Loch stechen und mit der Himbeer-Marmelade füllen. Für die Dekoration die Pistazien hacken. Auf jeden Cupcake etwas Sahnecreme geben und die Pistazienstückchen darauf streuen.

Cupcakes mit Pistazien und Himbeeren 47

Cupcakes mit FRISCHKÄSE und Kürbis

Zutaten *für 12 Stück*

Für den Teig:
150 g Kürbis
200 g Vollkornkekse
100 g Margarine
1 TL Zimt
15 g Weizenmehl
90 g Zucker
300 g veganer Frischkäse
1 Orange, unbehandelt
40 ml pflanzliche Sahne
¼ TL Zimt
1 Prise Muskatnuss
1 Prise Gewürznelke, gemahlen
1 Prise Kardamom
45 g Maismehl

Für die Dekoration:
80 g Toffee-Fudge
250 ml pflanzliche Schlagsahne
Zimt, gemahlen

1. Den Kürbis schälen, in Würfel schneiden und bissfest kochen. Anschließend im Kühlschrank kühlen. Die Kekse in einen Plastikbeutel geben und mit einer Teigrolle zerkleinern. Mit der Margarine und dem Zimt vermengen. Den Bröselteig jeweils auf den Förmchenboden geben. Den Backofen auf 150 °C vorheizen.

2. In einer Schüssel das Mehl mit dem Zucker vermischen. In einer anderen Schüssel den Frischkäse etwas aufschlagen. Die Schale der Orange abreiben. Die Frischkäsecreme mit der Sahne, den Kürbiswürfeln, den Gewürzen und dem Maismehl vermischen. Alles gut verrühren. Die Cupcake-Förmchen mit Teig befüllen.

3. Die Cupcakes im Backofen 1 Stunde im Wasserbad backen, danach 3 Stunden im Kühlschrank kühlen. Erst dann aus der Form nehmen.

4. Den Toffee schmelzen und etwas abkühlen lassen. Die Sahne schlagen und mit dem Toffee vermischen. Die Cupcakes mit der Toffee-Sahne verzieren und mit etwas Zimt bestreuen.

Cupcakes mit NÜSSEN und Ahornsirup

Zutaten *für 12 Stück*

Für den Teig:
270 g Weizenmehl
40 g Mandelmehl
180 g Zucker
½ TL Salz
2 TL Backpulver
½ TL Natron
140 ml Sonnenblumenöl
30 g Walnüsse
30 g geröstete Haselnüsse
40 g Rosinen
3 Datteln

Für die Dekoration:
720 g Creme aus Frischkäse (Rezept s. S. 16)
Ahornsirup

1. Den Backofen auf 180 °C vorheizen. Alle trockenen Zutaten (Mehl, Mandelmehl, Zucker, Salz, Backpulver und Natron) in einer Schüssel vermengen. 200 ml Wasser und das Öl dazugeben und alles mit einem Schneebesen verrühren. Die Walnüsse, die Haselnüsse, die Rosinen sowie die Datteln hacken und untermischen. Das Ganze nochmals gut durchrühren. Die Cupcake-Förmchen bis zur Hälfte mit Teig befüllen.

2. Die Cupcakes im Backofen backen und herausnehmen, wenn die Garprobe mit dem Stäbchen gelingt. Einige Stunden kühl stellen.

3. Die Cupcakes ringförmig mit der Frischkäsecreme verzieren. Den Ahornsirup in der Mitte einfüllen.

Cupcakes mit SCHOKOLADE und Passionsfrüchten

Zutaten *für 12 Stück*

Für den Teig:
- 230 g Weizenmehl
- 220 g Zucker
- 70 g Kakao
- ½ TL Salz
- 2 TL Backpulver
- ½ TL Natron
- 30 g Schokolade (70 % Kakaoanteil)
- 120 ml Sonnenblumenöl
- 1 TL Vanilleextrakt

Für die Dekoration:
- 1 Zitrone, unbehandelt
- 100 g Zucker
- 100 ml pflanzliche Sahne
- 50 ml Saft oder 50 g Fruchtfleisch von Passionsfrüchten
- 150 g Schokolade (70 % Kakaoanteil)
- 150 ml pflanzliche Schlagsahne

1. Den Backofen auf 180 °C vorheizen. Die trockenen Zutaten (Mehl, Zucker, Kakao, Salz, Backpulver und Natron) in einer Schüssel vermengen. Die Schokolade im Wasserbad schmelzen und mit dem Öl mischen. 200 ml Wasser, die Schokoladen-Öl-Mischung und den Vanilleextrakt in die Schüssel geben und mit dem Schneebesen gut verrühren. Die Cupcake-Förmchen bis zur Hälfte mit Teig befüllen.

2. Die Cupcakes im Backofen backen und herausnehmen, wenn die Garprobe mit dem Stäbchen gelingt. Ca. 8 Stunden kühl stellen.

3. Für die Dekoration mit einem Zestenreißer Streifen von der Zitrone abreißen. 100 ml Wasser zum Kochen bringen und den Zucker einstreuen. Die Zitronenzeste hinzufügen und das Gemisch bei geringer Hitze 20 Minuten lang köcheln. Abkühlen lassen und beiseitestellen. Danach bei Zimmertemperatur aufbewahren. 100 ml Sahne mit der Passionsfrucht (Saft oder Fruchtfleisch) erhitzen. Die Schokolade etwas zerkleinern und in eine Schüssel geben. Die Sahne mit den Passionsfrüchten darübergießen und mit einem Schneebesen gut verrühren, bis eine feine Masse entsteht. 150 ml Schlagsahne schlagen und mit der Schokoladenmischung eine Mousse herstellen. Die Cupcakes mit der Mousse dekorieren und die glasierten Zitronenzesten darauflegen.

Cupcakes "ISFAHAN"

Zutaten *für 12 Stück*

Für den Teig:
200 g Vollkornkekse
100 g Margarine
1 TL Zimt
15 g Weizenmehl
90 g Zucker
300 g veganer Frischkäse
3 Litschis
45 g Maismehl
1 EL Rosenwasser
40 ml pflanzliche Sahne

Für die Dekoration:
200 ml pflanzliche Schlagsahne
1 TL Rosenwasser
Himbeeren

1 Den Backofen auf 150 °C vorheizen. Die Kekse in einen Plastikbeutel geben und mit einem Nudelholz zerkleinern. Die Brösel mit der Margarine und dem Zimt verkneten. Die Masse jeweils auf dem Boden der Cupcake-Förmchen verteilen. Das Mehl mit dem Zucker in einer Schüssel vermengen. In einer anderen Schüssel den Frischkäse aufschlagen und nach und nach die Mehlmischung einrühren. Die Litschis in kleine Stücke schneiden. Das Maismehl in 100 ml Wasser auflösen, das Rosenwasser und die Sahne hinzufügen. Diese Mischung mit den zerkleinerten Litschis nach und nach ebenfalls in die Käsecreme einrühren. Den Teig in die Cupcake-Förmchen füllen.

2 Die Cupcakes im Backofen 1 Stunde im Wasserbad backen. 3 Stunden kühl stellen, bevor sie aus der Form genommen werden.

3 Die Sahne mit dem Rosenwasser steif schlagen und damit die Cupcakes dekorieren. Die Himbeeren um die Sahne herum anordnen. Nach Belieben noch mit Rosenblättern verzieren.

Cupcakes „LIMONCELLO"

Zutaten *für 12 Stück*

Für den Teig:
300 g Weizenmehl
220 g Zucker
½ TL Salz
2 TL Backpulver
½ TL Natron
1 Zitrone, unbehandelt
200 ml Sojamilch
140 ml Sonnenblumenöl
Limoncello

Für die Dekoration:
350 ml pflanzliche Schlagsahne
80 ml Limoncello

1. Den Backofen auf 180 °C vorheizen. Die trockenen Zutaten (Mehl, Zucker, Salz, Backpulver und Natron) in einer Schüssel vermengen. Die Zitronenschale abreiben und mit der Sojamilch sowie dem Öl in die Schüssel geben. Das Ganze mit einem Schneebesen gut verrühren. Die Cupcake-Förmchen bis zur Hälfte mit Teig befüllen.

2. Die Cupcakes im Backofen backen und herausnehmen, wenn die Garprobe mit dem Stäbchen gelingt. Einige Stunden kühl stellen. Die oberen Teile der Cupcakes abschneiden und die unteren Teile in Limoncello tauchen und großzügig damit tränken.

3. Die Schlagsahne schlagen und den Limoncello mit einem Teigschaber unterheben. Die Cupcakes mit der Sahne bestreichen und den Deckel wieder darauflegen. Nach Belieben mit noch mehr Sahne dekorieren.

Cupcakes mit WALNÜSSEN und Kokos

Zutaten *für 12 Stück*

Für den Teig:
230 g Weizenmehl
220 g Zucker
70 g Kakao
½ TL Salz
2 TL Backpulver
½ TL Natron
220 ml Sojamilch
110 ml Sonnenblumenöl
1 TL Vanilleextrakt

Für die Füllung:
200 g Walnüsse
200 ml pflanzliche Sahne
200 g brauner Zucker
30 g Margarine
140 g Kokosraspel

Für die Dekoration:
200 g pflanzliche Sahne
200 g Schokolade (70 % Kakaoanteil)
200 g pflanzliche Schlagsahne

1 Den Backofen auf 180 °C vorheizen. Die trockenen Zutaten (Mehl, Zucker, Kakao, Salz, Backpulver und Natron) in einer Schüssel vermengen. Die Sojamilch, das Öl und den Vanilleextrakt hinzufügen. Das Ganze mit einem Schneebesen vermischen. Die Cupcake-Förmchen bis zur Hälfte mit dem Teig befüllen.

2 Die Cupcakes im Backofen backen und herausnehmen, wenn die Garprobe mit dem Stäbchen gelingt. 8 Stunden kühl stellen.

3 Für die Füllung die Nüsse hacken. Die Sahne mit dem braunen Zucker, der Margarine, den Kokosnussraspeln und den zerhackten Nüssen erhitzen, bis daraus eine trockene Masse entsteht. Die Cupcakes in der Mitte durchschneiden, mit der Masse füllen und wieder zusammensetzen. Etwas von der Nussmasse auf die Cupcakes streichen und im Kühlschrank 1 Stunde kühl stellen.

4 Für die Dekoration die Sahne erhitzen. Die Schokolade etwas zerkleinern und in eine Schüssel geben. Die heiße Sahne darübergießen und alles mit einem Schneebesen zu einer gleichmäßigen Masse verrühren. Nun die Schlagsahne schlagen und mit der Schokoladenmasse zu einer Mousse verarbeiten. Mit einem heißen Löffel kleine Nocken aus der Mousse stechen und auf den Cupcakes platzieren.

Cupcakes mit Walnüssen und Kokos

Cupcakes mit ERDBEEREN

Zutaten *für 12 Stück*

Für den Teig:
300 g Weizenmehl
220 g Zucker
½ TL Salz
2 TL Backpulver
½ TL Natron
200 ml Sojamilch
140 ml Sonnenblumenöl
1 TL Vanilleextrakt

Für die Erdbeersoße:
1 kg Erdbeeren
200 g Zucker

Für die Dekoration:
450 ml pflanzliche Schlagsahne
Erdbeeren

1. Den Backofen auf 180 °C vorheizen. Die trockenen Zutaten (Mehl, Zucker, Salz, Backpulver und Natron) in einer Schüssel vermengen. Die Sojamilch, das Öl und den Vanilleextrakt hinzufügen. Das Ganze mit einem Schneebesen verrühren. Die Cupcake-Förmchen bis zur Hälfte mit Teig befüllen.

2. Die Cupcakes im Backofen backen und herausnehmen, wenn die Garprobe mit dem Stäbchen gelingt. Einige Stunden kühl stellen.

3. Für die Erdbeersoße die Früchte in Stücke schneiden und mit dem Zucker in einem Topf zum Kochen bringen. Alles gut verrühren, etwas abkühlen lassen und kühl stellen.

4. Für die Dekoration die Sahne steif schlagen und in einen Spritzbeutel füllen. Die Erdbeersoße auf Tellern verteilen und die Cupcakes hineinstellen. Die ganzen Erdbeeren in Scheiben schneiden und jeweils einige Scheiben um die Cupcakes herum in die Soße legen. Mit der Sahne und den Erdbeerscheiben dekorieren und sofort servieren.

Cupcakes mit HIMBEEREN und Feigen

Zutaten *für 12 Stück*

Für den Teig:
300 g Weizenmehl
220 g Zucker
½ Teelöffel Salz
1 TL Backpulver
½ TL Natron
3 Feigen
190 ml Sojamilch
120 ml Sonnenblumenöl
1 TL Vanilleextrakt
24 Himbeeren
etwas Grand-Marnier-Likör

Für die Dekoration:
720 g Creme mit Margarine
   (Rezept s. S. 19)
½ Teelöffel Himbeeröl
rote Lebensmittelfarbe
3 Feigen

1 Den Backofen auf 180 °C vorheizen. Die trockenen Zutaten (Mehl, Zucker, Salz, Backpulver und Natron) in einer Schüssel vermengen. Die Feigen schälen und vierteln. Die Sojamilch, das Öl und den Vanilleextrakt hinzufügen und das Ganze mit einem Schneebesen zu einer feinen, gleichmäßigen Masse verrühren. Die Cupcake-Förmchen bis zur Hälfte mit Teig befüllen. Auf jeden der Cupcakes jeweils 2 Himbeeren und eine viertel Feigen legen.

2 Die Cupcakes im Backofen backen und herausnehmen, wenn die Garprobe mit dem Stäbchen gelingt. Einige Stunden lang kühl stellen. Die Cupcakes mit dem Grand-Marnier-Likör bepinseln und weitere 3 Stunden lang im Kühlschrank kühlen.

3 Für die Dekoration die Margarinecreme mit dem Himbeeröl und dem roten Farbstoff vermischen. Die Feigen vierteln und die Cupcakes mit der Himbeer-Margarinecreme und einer viertel Feige dekorieren.

Cupcakes mit Ingwer-Konfitüre und Gewürzen

Zutaten *für 12 Stück*

Für den Teig:
270 g Weizenmehl
50 g Mandelmehl
100 g brauner Zucker
½ TL Salz
2 TL Gewürzmischung
  (Ingwer, Zimt, Anis, Kardamom)
2 ½ TL Backpulver
1 TL Natron
85 ml Ingwer-Konfitüre
120 g Agavensirup
110 ml Sonnenblumenöl
1 Orange, unbehandelt

Für die Dekoration:
720 g Creme aus Frischkäse
  (Rezept s. S. 16)
Ingwer-Konfitüre

1. Den Backofen auf 180 °C vorheizen. Die trockenen Zutaten (Mehl, Mandelmehl, Zucker, Salz, Gewürze, Backpulver und Natron) in einer Schüssel vermengen. Die Ingwer-Konfitüre mit 120 ml Wasser, dem Agavensirup sowie dem Öl vermischen und in die Schüssel geben. Die Hälfte der Orangenschale abreiben und hinzufügen. Das Ganze mit einem Schneebesen gründlich verrühren. Die Cupcake-Förmchen bis zur Hälfte mit Teig befüllen.

2. Die Cupcakes im Backofen backen und herausnehmen, wenn die Garprobe mit dem Stäbchen gelingt. 8 Stunden kühl stellen.

3. Die andere Hälfte der Orange abschälen und die Schale in Stücke schneiden. Die Cupcakes mit der Frischkäsecreme und der Orangenschale dekorieren.

Cupcakes mit HASELNUSS-PRALINEN

Zutaten *für 12 Stück*

Für den Teig:
230 g Weizenmehl
220 g Zucker
70 g Kakao
½ TL Salz
2 TL Backpulver
½ TL Natron
200 ml Sojamilch
140 ml Sonnenblumenöl
1 TL Vanilleextrakt

Für die Füllung:
450 ml pflanzliche Schlagsahne
400 g Haselnuss-Pralinen

Für die Nugat-Glasur:
500 g Schokolade (70 % Kakaoanteil)
140 g Haselnusscreme
30 ml Sonnenblumenöl
50 g Haselnusssplitter

Für die Dekoration:
Goldpulver, lebensmittelgeeignet

1. Den Backofen auf 180 °C vorheizen. Die trockenen Zutaten (Mehl, Zucker, Kakao, Salz, Backpulver und Natron) in einer Schüssel vermengen. Die Sojamilch, das Öl und den Vanilleextrakt hinzufügen und alles mit einem Schneebesen verrühren. Die Cupcake-Förmchen bis zur Hälfte mit Teig befüllen.

2. Die Cupcakes im Backofen backen und herausnehmen, wenn die Garprobe mit dem Stäbchen gelingt. Einige Stunden kühl stellen.

3. Für die Füllung die Sahne steif schlagen. Die Haselnuss-Pralinen auf Zimmertemperatur temperieren und zerkleinern. Die Sahne vorsichtig mit den Pralinen vermischen. Die Cupcakes mithilfe eines Teigschabers mit der Creme bestreichen und danach 5 Stunden ins Gefrierfach stellen.

4. Für die Nugat-Glasur die Schokolade, die Haselnusscreme und das Öl in einem Topf im Wasserbad unter Rühren zu einer geschmeidigen Masse verarbeiten. Die Haselnusssplitter anrösten und in die Mischung einrühren. Die Cupcakes auf ein Gitter stellen und mit der Nugat-Glasur überziehen. Mit etwas Goldpulver bestreuen und vor dem Servieren 30 Minuten im Kühlschrank aufbewahren.

Cupcakes mit Waldbeeren und Frischkäse

Zutaten *für 12 Stück*

Für den Teig:
200 g Vollkornkekse
100 g Margarine
1 TL Zimt
15 g Weizenmehl
90 g Zucker
300 g veganer Frischkäse
1 Zitrone, unbehandelt
45 g Maismehl
40 ml pflanzliche Sahne

Für die Dekoration:
100 g Himbeeren
100 g Erdbeeren
50 g rote Johannisbeeren
100 g Zucker
150 ml pflanzliche Schlagsahne

1. Den Backofen auf 150 °C vorheizen. Für den Teig die Kekse in einen Plastikbeutel füllen und mit einer Teigrolle zerkleinern. Die Brösel mit der Margarine und dem Zimt verkneten. Den Teig jeweils auf den Boden der Cupcake-Förmchen geben und etwas festdrücken. Das Mehl mit dem Zucker mischen und nach und nach unter Rühren den Frischkäse hinzufügen. Die Schale der Zitrone abreiben. 100 ml Wasser in eine Schüssel füllen und die Zitronenschale dazugeben. Das Maismehl sowie die Sahne unterheben und das Gemisch gut verrühren. Die Förmchen bis zur Hälfte mit Teig befüllen.

2. Die Cupcakes ca. 1 Stunde im Backofen im Wasserbad backen. Danach 3 Stunden im Kühlschrank kühl stellen. Erst danach aus der Form lösen.

3. Für die Dekoration die Waldbeeren etwas zerkleinern. Mit 100 g Zucker zum Kochen bringen, danach abkühlen lassen und in den Kühlschrank stellen. Die Sahne steif schlagen und damit die Cupcakes kreisförmig dekorieren. Den Hohlraum in der Mitte mit Kompott füllen.

Cupcakes mit SCHOKOLADE, Frischkäse und Limoncello

Zutaten *für 12 Stück*

Für den Teig:
200 g Vollkornkekse
100 g Margarine
1 TL Zimt, gemahlen
15 g Weizenmehl
90 g Zucker
300 g veganer Frischkäse
45 g Maismehl
1 TL Vanilleextrakt
40 ml pflanzliche Sahne
10 g Kakao

Für die Dekoration:
80 g Schokolade (70 % Kakaoanteil)
120 g Limoncello
200 ml pflanzliche Schlagsahne
Schokoladenglasur

1. Den Backofen auf 150 °C vorheizen. Die Kekse in einen Plastikbeutel geben und mit der Teigrolle zerkleinern. Mit der Margarine und dem Zimt verkneten. Den Teig jeweils auf den Boden der Cupcake-Förmchen geben und festdrücken. Das Mehl mit dem Zucker mischen und nach und nach unter Rühren den Frischkäse hinzufügen. Das Maismehl in 100 ml Wasser auflösen. Den Vanilleextrakt und die Sahne einrühren. Vorsichtig mit der Frischkäsecreme-Mischung vermengen und nochmals kräftig rühren. Den Teig in 2 Teile teilen und einen Teil mit dem Kakao vermischen. Nun beide Teige wieder zusammengeben, sodass eine marmorierte Masse entsteht. Die Förmchen bis zur Hälfte mit Teig befüllen.

2. Die Cupcakes ca. 1 Stunde im Backofen im Wasserbad backen. Danach 3 Stunden lang im Kühlschrank kühlen, bevor die Cupcakes aus der Form gelöst werden. Für die Dekoration die Schokolade im Wasserbad schmelzen, den Limoncello hinzufügen und das Gemisch mit einem Schneebesen zu einer feinen, gleichmäßigen Masse verrühren.

3. Die Sahne steif schlagen und mit einem Teigschaber unter die Schokoladenmasse heben. Alles gut vermengen, bis eine geschmeidige Creme entsteht. Die Cupcakes mit der Schokoladencreme verzieren und zum Schluss mit einigen Tropfen Schokoladenglasur dekorieren.

Cupcakes mit SCHOKOLADE und Erdbeeren

Zutaten *für 12 Stück*

Für den Teig:
270 g Weizenmehl
220 g Zucker
30 g Kakao
½ TL Salz
2 TL Backpulver
½ TL Natron
180 g Erdbeeren
100 g Schokolade (70 % Kakaoanteil)
140 ml Sonnenblumenöl
1 TL Vanilleextrakt

Für die Dekoration:
12 Erdbeeren
100 g Schokolade (70 % Kakaoanteil)
50 g vegane weiße Schokolade
600 g Sahnecreme mit weißer Schokolade (Rezept s. S. 19)

1 Den Backofen auf 180 °C vorheizen. Die trockenen Zutaten (Mehl, Zucker, Kakao, Salz, Backpulver und Natron) in einer Schüssel vermengen. Die Erdbeeren zerkleinern, in ein Sieb schütten und den Saft auffangen. Die Schokolade im Wasserbad schmelzen und mit dem Öl mischen. Den Erdbeersaft, das Öl und die geschmolzene Schokolade sowie den Vanilleextrakt mit den trockenen Zutaten verrühren. Das Ganze mit einem Schneebesen kräftig schlagen. Die Cupcake-Förmchen bis zur Hälfte mit Teig befüllen.

2 Die Cupcakes im Backofen backen und herausnehmen, wenn die Garprobe mit dem Stäbchen gelingt. Einige Stunden kühl stellen.

3 Für die Dekoration die Schokolade schmelzen, die Erdbeeren eintauchen und auf einem mit Backpapier belegten Teller trocknen lassen. Die Erdbeeren dann 20 Minuten in den Kühlschrank stellen. Die weiße Schokolade im Wasserbad schmelzen und mit einer Gabel weiße Streifen auf die Schokoglasur der Erdbeeren auftragen. Weitere 20 Minuten im Kühlschrank kühlen. Die Cupcakes mit der Sahnecreme mit weißer Schokolade dekorieren und mit jeweils einer Schoko-Erdbeere verzieren.

Cupcakes mit WEISSER SCHOKOLADE und Mandeln

Zutaten *für 12 Stück*

Für den Teig:
230 g Weizenmehl
220 g Zucker
70 g Kakao
½ TL Salz
2 TL Backpulver
½ TL Natron
120 g Mandeln
200 ml Sojamilch
140 ml Sonnenblumenöl
1 TL Vanilleextrakt

Für die Dekoration:
200 g Mandelsplitter
100 g vegane weiße Schokolade
720 g Creme aus Frischkäse
   (Rezept s. S. 16)

1. Den Backofen auf 180 °C vorheizen. Die trockenen Zutaten (Mehl, Zucker, Kakao, Salz, Backpulver und Natron) in einer Schüssel vermengen. Die Mandeln hacken und mit der Sojamilch, dem Öl und dem Vanilleextrakt hinzufügen. Das Ganze mit einem Schneebesen gut verrühren. Die Cupcake-Förmchen bis zur Hälfte mit Teig befüllen.

2. Die Cupcakes im Backofen backen und herausnehmen, wenn die Garprobe mit dem Stäbchen gelingt. Einige Stunden kühl stellen.

3. Für die Dekoration die Mandelsplitter im Backofen bei 200 °C rösten und beiseitestellen. Die weiße Schokolade schmelzen und in einen Spritzbeutel mit einer engen Tülle füllen. Die Frischkäsecreme mit einem Teigschaber auf die Cupcakes streichen und am Rand mit den Mandelsplittern bestreuen. Auf die Frischkäsecreme etwas weiße Schokolade geben und die Cupcakes vor dem Servieren 2 Stunden im Kühlschrank kühlen.

Cupcakes mit WHISKY und Himbeeren

Zutaten *für 12 Stück*

Für den Teig:
300 g Weizenmehl
220 g Zucker
½ TL Salz
2 TL Backpulver
½ TL Natron
200 ml Mandelmilch
140 ml Sonnenblumenöl
1 TL Vanilleextrakt
100 g Himbeeren

Für die Dekoration:
600 g Sahnecreme mit weißer Schokolade (Rezept s. S. 19)
70 g Whisky
Himbeermarmelade

1 Den Backofen auf 180 °C vorheizen. Die trockenen Zutaten (Mehl, Zucker, Salz, Backpulver und Natron) in einer Schüssel vermengen. Die Mandelmilch, das Öl und den Vanilleextrakt hinzufügen. Das Ganze mit einem Schneebesen verrühren. Die Himbeeren behutsam unterheben. Die Cupcake-Förmchen bis zur Hälfte mit Teig befüllen.

2 Die Cupcakes im Backofen backen und herausnehmen, wenn die Garprobe mit dem Stäbchen gelingt. Einige Stunden kühl stellen. In die obere Hälfte der Cupcakes ein Loch stechen und mit Himbeermarmelade füllen.

3 Mit einem Teigschaber die Sahnecreme mit dem Whisky mischen und die Cupcakes damit dekorieren. Zuletzt einen Klecks Himbeermarmelade auf die Creme geben.

Cupcakes mit ÄPFELN und Zitronen

Zutaten *für 12 Stück*

För den Teig:
300 g Weizenmehl
220 g Zucker
½ TL Salz
2 TL Backpulver
½ TL Natron
1 Apfel (Golden Delicious)
1 Zitrone, unbehandelt
200 ml Apfelsaft
140 ml Sonnenblumenöl

Für die Dekoration:
350 ml pflanzliche Schlagsahne
60 g Puderzucker
1 Zitrone, unbehandelt
1 Apfel (Golden Delicious)

1. Den Backofen auf 180 °C vorheizen. Die trockenen Zutaten (Mehl, Zucker, Salz, Backpulver und Natron) in einer Schüssel vermengen. Den Apfel schälen, entkernen und in 1 cm große Würfel schneiden. Die Schale der Zitrone abreiben. Den Apfelsaft, die Zitronenschale, das Öl und die Apfelwürfel zu den trockenen Zutaten geben und das Ganze mit einem Schneebesen verrühren. Die Cupcake-Förmchen bis zur Hälfte mit Teig befüllen.

2. Die Cupcakes im Backofen backen und herausnehmen, wenn die Garprobe mit dem Stäbchen gelingt. Einige Stunden kühl stellen.

3. Die Sahne mit dem Puderzucker steif schlagen. Die Schale der Zitrone abreiben. Den Saft auspressen und vorsichtig zur Sahne geben, sodass sie nicht zusammenfällt. Die Cupcakes mit der Sahne dekorieren, mit Zitronenschale bestreuen und mit jeweils einer Apfelspalte verzieren.

Cupcakes mit HEIDELBEEREN

Zutaten *für 12 Stück*

Für den Teig:
300 g Weizenmehl
220 g Zucker
½ TL Salz
2 TL Backpulver
½ TL Natron
½ TL Zimt, gemahlen
1 Zitrone, unbehandelt
200 ml Sojamilch
140 ml Sonnenblumenöl
1 TL Vanilleextrakt
125 g Heidelbeeren

Für die Dekoration:
360 g Creme aus Frischkäse (Rezept s. S. 16)
12 Heidelbeeren

1. Den Backofen auf 180 °C vorheizen. Die trockenen Zutaten (Mehl, Zucker, Salz, Backpulver, Natron und Zimt) in einer Schüssel vermengen. Die Schale der Zitrone abreiben. Die Sojamilch, die Zitronenschale, das Öl und den Vanilleextrakt zu den trockenen Zutaten geben und das Ganze mit einem Schneebesen verrühren. Die Heidelbeeren vorsichtig unterheben, sodass sie möglichst ganz bleiben. Die Cupcake-Förmchen bis zur Hälfte mit Teig befüllen.

2. Die Cupcakes im Backofen backen und herausnehmen, wenn die Garprobe mit dem Stäbchen gelingt. Einige Stunden kühl stellen.

3. Die Cupcakes mit der Frischkäsecreme dekorieren und mit jeweils einer Heidelbeere belegen.

Cupcakes mit Karotten und Rosinen

Zutaten *für 12 Stück*

Für den Teig:
170 g Weizenmehl
1 TL Zimt, gemahlen
130 g brauner Zucker
½ TL Salz
1 TL Backpulver
½ TL Natron
150 g Karotten, geschält
100 g Rosinen
100 ml Sonnenblumenöl

Für die Dekoration:
720 g Creme aus Frischkäse (Rezept s. S. 16)
Zimt, gemahlen

1. Den Backofen auf 180 °C vorheizen. Die trockenen Zutaten (Mehl, Zimt, Zucker, Salz, Backpulver und Natron) in einer Schüssel vermengen. Die Karotten reiben. Die Rosinen in Wasser einweichen und 10 Minuten lang kochen. Die Rosinen klein hacken. 100 ml Wasser, das Öl, die geriebenen Karotten und die Rosinen zu den trockenen Zutaten geben und das Ganze mit einem Schneebesen verrühren. Die Cupcake-Förmchen bis zur Hälfte mit Teig befüllen.

2. Die Cupcakes im Backofen backen und herausnehmen, wenn die Garprobe mit dem Stäbchen gelingt. Einige Stunden kühl stellen.

3. Die Cupcakes mit der Frischkäsecreme verzieren und mit etwas Zimt bestreuen.

Cupcakes „Piña colada"

Zutaten *für 12 Stück*

Für den Teig:
200 g Weizenmehl
220 g brauner Zucker
½ TL Salz
1 TL Backpulver
1 ½ TL Natron
120 g Maismehl
120 ml Kokosmilch
100 ml Ananassaft
160 ml Sonnenblumenöl
1 TL Vanilleextrakt

Für die Rumlösung:
40 ml Rum
100 g Zucker

Für die Dekoration:
40 g brauner Zucker
1 EL Rum
2 EL Kokosraspel
250 g Ananaswürfel
600 g Creme aus Frischkäse
 (Rezept s. S. 16)

1. Den Backofen auf 180 °C vorheizen. Die trockenen Zutaten (Mehl, Zucker, Salz, Backpulver und Natron) in einer Schüssel vermengen. In einer anderen Schüssel das Maismehl mit der Kokosmilch, dem Ananassaft, dem Öl und dem Vanilleextrakt verrühren und das Gemisch zu den trockenen Zutaten geben. Das Ganze mit einem Schneebesen vermischen. Die Cupcake-Förmchen bis zur Hälfte mit Teig befüllen.

2. Für die Rumlösung in einem Topf bei mittlerer Hitze den Rum, den Zucker und 175 ml Wasser erhitzen. Sobald es zu kochen beginnt, vom Herd nehmen und den Topf abdecken.

3. Die Cupcakes im Backofen backen und herausnehmen, wenn die Garprobe mit dem Stäbchen gelingt. Einige Stunden kühl stellen. Danach die Cupcakes in 2 Hälften schneiden und die obere Hälfte jeweils in die Rumlösung tauchen. Danach im Kühlschrank kühlen.

4. Für die Dekoration den braunen Zucker in einer Pfanne erhitzen und den Rum, die Kokosraspel und die Hälfte der Ananaswürfel dazugeben. Sobald der Zucker komplett aufgelöst ist, den Topf vom Herd nehmen und die restlichen Ananaswürfel untermischen. 1 Stunde im Kühlschrank kühlen. Die Cupcakes ringförmig mit der Frischkäsecreme verzieren und die Ananaswürfel in die Mitte geben.

Cupcakes mit BIRNEN und Maronen-Cognac-Creme

Zutaten *für 12 Stück*

Für den Teig:
200 g Weizenmehl
¼ TL Zimt, gemahlen
165 g brauner Zucker
¼ TL Salz
1 ½ TL Backpulver
200 g Birnen (2 Stück)
1 Orange, unbehandelt
65 g Maismehl
80 ml Sonnenblumenöl
80 ml Olivenöl
1 Teelöffel Vanilleextrakt
Cognac

Für die Dekoration:
150 g Margarine
210 g Puderzucker
2 EL Cognac
330 g Maronenpüree
kandierte Kastanien

1 Den Backofen auf 180 °C vorheizen. Die trockenen Zutaten (Mehl, Zimt, Zucker, Salz und Backpulver) in einer Schüssel vermengen. Die Birnen schälen und in Würfel schneiden. Die Schale der Orange abreiben. Das Maismehl in 165 ml Wasser auflösen und die Mischung in die Schüssel zu den trockenen Zutaten geben. Das Sonnenblumenöl, das Olivenöl, die Orangenschale und den Vanilleextrakt hinzufügen und das Ganze mit einem Schneebesen zu einer gleichmäßigen Masse verarbeiten. Die Cupcake-Förmchen bis zur Hälfte mit Teig befüllen.

2 Die Cupcakes im Backofen backen und herausnehmen, wenn die Garprobe mit dem Stäbchen gelingt. Die Cupcakes mit etwas Cognac bepinseln und anschließend mindestens 3 Stunden im Kühlschrank kühlen.

3 Für die Creme die Margarine mithilfe eines Schneebesens mit dem Puderzucker klumpenfrei verrühren. Nach und nach den Cognac und das Maronenpüree einrühren und eine feste, homogene Creme herstellen. Die Cupcakes mit der Maronen-Cognac-Creme dekorieren und mit zerbröckelten kandierten Kastanien bestreut servieren.

Cupcakes mit Birnen und Maronen-Cognac-Creme

Cupcakes mit Limette und Haselnuss-Karamell

Zutaten *für 12 Stück*

Für den Teig:
300 g Weizenmehl
220 g Zucker
½ TL Salz
1 TL Backpulver
1 TL Natron
200 ml Sojamilch
170 ml Sonnenblumenöl
1 TL Vanilleextrakt
1 Limette, unbehandelt
40 g Rosinen
50 g Schokolade, gehackt
   (53 % Kakaoanteil)

Für die Creme:
300 g Schokolade (53 % Kakaoanteil)
500 ml pflanzliche Sahne
65 g Margarine

Für das Haselnuss-Karamell:
100 g Schokolade (53 % Kakaoanteil)
40 g Margarine
380 g Haselnusskrokant
190 g Keksbrösel

1. Den Backofen auf 180 °C vorheizen. Die trockenen Zutaten (Mehl, Zucker, Salz, Backpulver und Natron) in einer Schüssel vermengen. Die Sojamilch, das Öl und den Vanilleextrakt hinzufügen und alles mit einem Schneebesen verrühren. Die Schale der Limette abreiben und in einer anderen Schüssel mit den Rosinen und der Schokolade vermischen. Diese Mischung in die erste Schüssel geben und alle Zutaten gut miteinander vermengen. Die Cupcake-Förmchen bis zur Hälfte mit Teig befüllen. Im Backofen backen und herausnehmen, wenn die Garprobe mit dem Stäbchen gelingt. 2 Stunden kühlen.

2. Für die Creme die Schokolade schmelzen und die Sahne sowie die Margarine hinzugeben. Alles gut verrühren, bis keine Klumpen mehr sichtbar sind. 6 bis 12 Stunden im Kühlschrank kühlen.

3. Für das Haselnuss-Karamell die Schokolade und die Margarine in einem Topf schmelzen. Das Haselnusskrokant und die Keksbrösel hinzufügen und alles gut vermengen. Die Hälfte des Gemischs in eine 8 x 8 cm große Backform streichen. 1 Stunde im Kühlschrank kühl stellen, dann in 60 Würfel schneiden.

4. Die obere Hälfte der Cupcakes mit der restlichen Masse bedecken. 1 Stunde im Gefrierfach kühlen. Dann die Cupcakes mit der Schokoladencreme und jeweils 5 Stückchen des Haselnuss-Karamells verzieren.

Cupcakes mit SCHOKOLADE und Kakaofüllung

Zutaten *für 12 Stück*

Für den Teig:
190 g Weizenmehl
70 g Kakao
220 g Zucker
½ TL Salz
2 TL Backpulver
50 g Maismehl
145 g Margarine
80 g Schokolade (70 % Kakaoanteil)
1 TL Vanilleextrakt

Für die Füllung:
vegane Kakaocreme

Für die Dekoration:
375 ml pflanzliche Sahne
55 g Zucker
80 g Schokolade (70 % Kakaoanteil)
Sablés mit Schokolade
   (Rezept s. S. 21)

1. Den Backofen auf 180 °C vorheizen. Die trockenen Zutaten (Mehl, Kakao, Zucker, Salz und Backpulver) in einer Schüssel vermengen. In einer anderen Schüssel das Maismehl mit 200 ml Wasser anrühren. In einem Topf die Margarine mit der Schokolade schmelzen. Nun alles vermischen und den Vanilleextrakt hinzufügen. Das Ganze gut verrühren, bis keine Klumpen mehr sichtbar sind. Die Cupcake-Förmchen bis zur Hälfte mit Teig befüllen. Im Backofen backen und herausnehmen, wenn die Garprobe mit dem Stäbchen gelingt. Einige Stunden kühl stellen.

2. Für die Füllung die Kakaocreme im Wasserbad oder in der Mikrowelle schmelzen und in einen Spritzbeutel mit spitzer Tülle füllen. Mit der Tülle in die Cupcakes stechen und diese mit der Kakaocreme füllen.

3. Für die Dekoration die Sahne und den Zucker bei geringer Hitze zum Kochen bringen. Die Schokolade zerkleinern. Die Mischung in eine Schüssel geben und die Schokolade hinzufügen. Alles gut vermischen, bis keine Klumpen mehr sichtbar sind. Die Mischung 4 Stunden im Kühlschrank kühlen. Die Cupcakes damit dekorieren und mit einigen Schokolade-Sablés verzieren.

Cupcakes mit Schokolade und Kakaofüllung

Cupcakes mit SCHOKOLADE, Anis und Karamell

Zutaten *für 12 Stück*

Für den Teig:
200 g Weizenmehl
55 g Mandelmehl
60 g Kakao
220 g Zucker
½ TL Salz
2 TL Backpulver
80 g Schokolade (70 % Kakaoanteil)
130 ml Sonnenblumenöl
175 ml Mandelmilch
1 TL Vanilleextrakt

Für die Anis-Karamell-Creme:
45 ml Anis
85 g Toffee (Rezept s. S. 16)
660 g Creme aus Frischkäse
 (Rezept s. S. 16)

Für die Schokoladentäfelchen:
100 g Schokolade (70 % Kakaoanteil)

1. Den Backofen auf 180 °C vorheizen. Die trockenen Zutaten (Mehl, Mandelmehl, Kakao, Zucker, Salz und Backpulver) in einer Schüssel vermengen. Die Schokolade zerkleinern und mit dem Öl schmelzen. Die Mandelmilch, die Schokolade, das Öl und den Vanilleextrakt zu den trockenen Zutaten geben und alles gut verrühren. Die Cupcake-Förmchen bis zur Hälfte mit Teig befüllen. Im Backofen backen und herausnehmen, wenn die Garprobe mit dem Stäbchen gelingt. 2 Stunden kühl stellen.

2. Für die Creme den Anis mit dem Toffee in einer Schüssel vermischen. Die Frischkäsecreme behutsam mit einem Teigschaber unterheben. Die Cupcakes mit der Creme dekorieren, etwas davon zum Füllen beiseitestellen und kühlen. Die verzierten Cupcakes mindestens für weitere 4 Stunden im Kühlschrank kühlen.

3. Für die Täfelchen die Schokolade zunächst auf 50 °C erhitzen und auf 32 °C abkühlen. Die Schokolade dann gleichmäßig und dünn auf einem Stück Backpapier verstreichen. 3 x 3 cm große Quadrate ausschneiden und beschweren, damit sie sich beim Aushärten nicht verformen.

4. Zum Schluss die übrige Anis-Karamell-Creme in einen Spritzbeutel mit spitzer Tülle füllen. Mit der Tülle in die Cupcakes einstechen und mit der Creme füllen. Mit jeweils einem Schokoladentäfelchen dekorieren.

Cupcakes mit CREME und Schokoladen-Sablés

Zutaten *für 12 Stück*

Für den Teig:
230 g Weizenmehl
70 g Kakao
220 g Zucker
½ TL Salz
1 TL Backpulver
1 TL Natron
60 g Sablés mit Schokolade (Rezept s. S. 21)
200 ml Sojamilch
170 ml Sonnenblumenöl
2 TL Vanilleextrakt

Für die Creme:
720 g Creme mit Margarine (Rezept s. S. 19)
1 TL Vanilleextrakt
85 g Sablés mit Schokolade (Rezept s. S. 21)

Für die Dekoration:
12 Sablés mit Schokolade (Rezept s. S. 21)

1. Den Backofen auf 180 °C vorheizen. Die trockenen Zutaten (Mehl, Kakao, Zucker, Salz, Backpulver und Natron) in einer Schüssel vermengen. Die Schokoladen-Sablés zerkleinern. Die Sojamilch, das Öl und den Vanilleextrakt zu den trockenen Zutaten hinzufügen und alles mit einem Schneebesen gut verrühren. Die Sablé-Stückchen dazugeben und weiterrühren, bis eine gleichmäßige Masse entsteht. Die Cupcake-Förmchen bis zur Hälfte mit Teig befüllen.

2. Die Cupcakes im Backofen backen und herausnehmen, wenn die Garprobe mit dem Stäbchen gelingt. Einige Stunden kühl stellen.

3. Für die Creme die Sablés zerkleinern und mit der Margarine sowie dem Vanilleextrakt gut vermischen, bis eine gleichmäßige Creme entsteht.

4. Die Cupcakes mit der Creme und je einem Schokoladen-Sablé dekorieren.

Cupcakes mit SCHOKOLADE und Erdnüssen

Zutaten *für 12 Stück*

Für den Teig:
230 g Weizenmehl
70 g Kakao
220 g Zucker
½ TL Salz
1 TL Backpulver
1 TL Natron
50 g Erdnüsse, gesalzen
200 ml Sojamilch
170 ml Sonnenblumenöl
2 TL Vanilleextrakt

Für die Creme:
30 g Margarine
100 g Erdnussbutter
420 ml pflanzliche Schlagsahne

Für die Füllung:
vegane Kakaocreme

Für die Dekoration:
Glasur mit Schokolade
   (Rezept s. S. 20)

1 Den Backofen auf 180 °C vorheizen. Die trockenen Zutaten (Mehl, Kakao, Zucker, Salz, Backpulver und Natron) in einer Schüssel vermengen. Die Erdnüsse zerkleinern. Die Sojamilch, das Öl und den Vanilleextrakt zu den trockenen Zutaten hinzufügen und mit einem Schneebesen gut verrühren. Die Erdnussstückchen dazugeben und weiter rühren, bis eine gleichmäßige Masse entsteht. Die Cupcake-Förmchen bis zur Hälfte mit Teig befüllen. Die Cupcakes im Backofen backen und herausnehmen, wenn die Garprobe mit dem Stäbchen gelingt. Für einige Stunden kühl stellen.

2 Für die Creme die Margarine und die Erdnussbutter in der Mikrowelle oder im Wasserbad schmelzen und die Mischung gut verrühren. Die Schlagsahne steif schlagen, mit einem Teigschaber unter die Margarine-Erdnuss-Mischung heben und gut verrühren.

3 Die Creme in einen Spritzbeutel mit Lochtülle geben und die Cupcakes damit dekorieren. Danach im Gefrierfach aufbewahren. Die Schokoladenglasur schmelzen und die Cupcakes mit dem oberen Teil hineintauchen. Die Kakaocreme schmelzen, in einen Spritzbeutel mit feiner Lochtülle füllen und die Cupcakes verzieren. Die Cupcakes vor dem Servieren 2 Stunden im Kühlschrank aufbewahren.

Cupcakes mit Schokolade und Erdnüssen

Cupcakes mit PASSIONSFRÜCHTEN und Gin

Zutaten *für 12 Stück*

Für den Teig:
300 g Weizenmehl
220 g Zucker
2 TL Backpulver
½ TL Natron
½ TL Salz
1 Zitrone, unbehandelt
200 ml Passionsfruchtsaft
1 TL Vanilleextrakt
140 ml Sonnenblumenöl

Für die Dekoration:
600 g Sahnecreme mit weißer Schokolade (Rezept s. S. 19)
45 ml Gin
3 Passionsfrüchte

1. Den Backofen auf 180 °C vorheizen. Die trockenen Zutaten (Mehl, Zucker, Salz, Backpulver und Natron) in einer Schüssel vermengen. Die Schale der Zitrone abreiben. Den Passionsfruchtsaft, den Vanilleextrakt, die Zitronenschale sowie das Öl hinzufügen und mit einem elektrischen Handrührer gut verrühren. Die Cupcake-Förmchen bis zur Hälfte mit Teig befüllen.

2. Die Cupcakes im Backofen backen und herausnehmen, wenn die Garprobe mit dem Stäbchen gelingt. Einige Stunden kühl stellen.

3. Die Sahnecreme mit weißer Schokolade vorsichtig mit dem Gin verrühren.

4. Das Fruchtfleisch aus den Passionsfrüchten herauslösen. Die Cupcakes mit der Creme und dem Fruchtfleisch dekorieren.

Cupcakes mit MANGO

Zutaten *für 6 Stück*
Für den Teig:
160 g Vollkornmehl, 10 g Maismehl
120 g brauner Zucker, ½ TL Salz
1 TL Backpulver, ¾ TL Natron
½ TL Vanilleextrakt
90 ml Sonnenblumenöl, ½ Mango
6 EL Amaretto

Für die Creme:
60 g Margarine
140 g Puderzucker
6 EL Amaretto

1. Den Backofen auf 180 °C vorheizen. Die trockenen Zutaten (Vollkornmehl, Maismehl, Zucker, Salz, Backpulver und Natron) in einer Schüssel vermischen. 100 ml Wasser, den Vanilleextrakt sowie das Sonnenblumenöl hinzufügen und alles gut verrühren.

2. Die Mango schälen, würfeln und dazugeben. Die Mischung mit einem Schneebesen zu einem gleichmäßigen Teig verarbeiten. Die Cupcake-Förmchen mit dem Teig befüllen.

3. Im Backofen backen und herausnehmen, wenn die Garprobe mit dem Stäbchen gelingt.

4. Die Cupcakes jeweils mit 1 EL Amaretto beträufeln und 3 Stunden im Kühlschrank kühlen.

5. Für die Creme die Margarine, den Puderzucker und den Amaretto verrühren, bis keine Klumpen mehr sichtbar sind.

6. Die Creme in einen Spritzbeutel füllen und die Cupcakes dekorieren.

Cupcakes „CAPPUCCINO"

Zutaten *für 6 Stück*
Für den Teig:
160 g Vollkornmehl, 60 g Maismehl
20 g Kakao, 120 g brauner Zucker, ½ TL Salz
1 EL löslicher Kaffee, 1 TL Backpulver
¼ TL Natron
½ TL Vanilleextrakt
100 ml Sonnenblumenöl

Für die Creme:
60 g Margarine
140 g Puderzucker
1 EL Kaffee, gemahlen

1. Den Backofen auf 180 °C vorheizen. Die trockenen Zutaten (Vollkornmehl, Maismehl, Kakao, Zucker, Salz, Kaffee, Backpulver und Natron) in einer Schüssel vermischen. 100 ml Wasser, den Vanilleextrakt sowie das Sonnenblumenöl hinzufügen und alles gut verrühren. Die Mischung mit einem Schneebesen zu einem gleichmäßigen Teig verarbeiten. Die Cupcake-Förmchen mit dem Teig befüllen.

2. Im Backofen backen und herausnehmen, wenn die Garprobe mit dem Stäbchen gelingt. Im Kühlschrank 3 Stunden kühl stellen.

3. Für die Creme die Margarine, den Puderzucker und den gemahlenen Kaffee zu einer klumpenfreien Mischung verrühren.

4. Die Creme in einen Spritzbeutel geben und die Cupcakes dekorieren. Zum Schluss mit etwas Kakao bestreuen.

Cupcakes mit Grüntee

Zutaten *für 6 Stück*

Für den Teig:
120 g Vollkornmehl, 30 g Maismehl
1 TL grüner Matcha-Tee, ½ TL Salz
1 TL Backpulver, 5 ml Ahornsirup
1 TL Vanilleextrakt, 90 ml Sonnenblumenöl

Für die Creme:
60 g Margarine, 130 g Puderzucker
1 EL Sojamilch
½ TL grüner Matcha-Tee

1. Den Backofen auf 180 °C vorheizen. Die trockenen Zutaten (Vollkornmehl, Maismehl, Tee, Salz und Backpulver) in einer Schüssel vermischen. 100 ml Wasser, den Ahornsirup, den Vanilleextrakt sowie das Sonnenblumenöl hinzufügen und alles gut verrühren. Die Mischung mit einem Schneebesen zu einem gleichmäßigen Teig verarbeiten. Die Cupcake-Förmchen mit dem Teig befüllen.

2. Im Backofen backen und herausnehmen, wenn die Garprobe mit dem Stäbchen gelingt. Im Kühlschrank 3 Stunden kühl stellen.

3. Für die Creme die Margarine, den Puderzucker, die Sojamilch und den Matcha-Tee cremig rühren. In einen Spritzbeutel geben und die Cupcakes dekorieren. Mit etwas Teepulver bestreuen.

Cupcake „Cappuccino"
Cupcake mit Grüntee
Cupcake mit Mango

Cupcakes mit HIMBEEREN und ROSEN

Zutaten *für 6 Stück*

Für den Teig:
150 g Vollkornmehl
10 g Maismehl
110 g brauner Zucker
½ TL Salz
1 TL Backpulver
¼ TL Natron
100 ml Sojamilch
20 ml Rosenwasser
½ TL Vanilleextrakt
85 ml Sonnenblumenöl
125 g Himbeeren

Für die Creme:
60 g Margarine
140 g Puderzucker
1 EL Rosenwasser

Zum Dekorieren:
einige Rosenblätter

1. Den Backofen auf 180 °C vorheizen. Die trockenen Zutaten (Vollkornmehl, Maismehl, Zucker, Salz, Backpulver und Natron) in einer Schüssel vermischen. Die Sojamilch, das Rosenwasser, den Vanilleextrakt sowie das Sonnenblumenöl hinzufügen. Alles mit einem Schneebesen gut verrühren, bis eine feine gleichmäßige Masse entsteht. Die Cupcake-Förmchen mit Teig befüllen.

2. Jeweils 3 Himbeeren tief in den Teig drücken. Im Backofen backen und herausnehmen, wenn die Garprobe mit dem Stäbchen gelingt. Im Kühlschrank 3 Stunden kühl stellen.

3. Für die Creme die Margarine, den Puderzucker und das Rosenwasser zu einer klumpenfreien Masse verrühren. In einen Spritzbeutel füllen und die Cupcakes damit dekorieren. Jeweils mit einem Rosenblatt verzieren.

Tipp

Zur Herstellung von Rosenwasser 1 Tasse Rosenblüten mit ca. 250 ml kochendem Wasser aufgießen und 30 Minuten ziehen lassen. Das Wasser abgießen und abkühlen lassen.

Cupcakes mit Erdbeeren und Schokocreme

Zutaten *für 6 Stück*

Für den Teig:
- 120 g Vollkornmehl
- 10 g Maismehl
- 130 g brauner Zucker
- ½ TL Salz
- 1 TL Backpulver
- ½ TL Natron
- 60 g Erdbeeren
- ½ EL Vanilleextrakt
- 90 ml Sonnenblumenöl

Für die Creme:
- 100 g Schokolade (53 % Kakaoanteil)
- 60 g Margarine
- 160 g Puderzucker
- 3 EL Sojamilch
- 1 TL Vanilleextrakt
- 6 Erdbeeren

1. Den Backofen auf 180 °C vorheizen. Die trockenen Zutaten (Vollkornmehl, Maismehl, Zucker, Salz, Backpulver und Natron) in einer Schüssel vermischen. 120 ml Wasser, den Vanilleextrakt sowie das Sonnenblumenöl hinzufügen und alles gut vermischen.

2. Die Erdbeeren waschen, putzen, in kleine Stücke schneiden und unterheben. Die Mischung zu einem feinen, gleichmäßigen Teig verrühren. Die Cupcake-Förmchen mit Teig befüllen.

3. Im Backofen backen und herausnehmen, wenn die Garprobe mit dem Stäbchen gelingt. Im Kühlschrank 3 Stunden kühl stellen.

4. Für die Creme die Schokolade im Wasserbad schmelzen. Die Margarine mit dem Puderzucker, der Sojamilch, dem Vanilleextrakt und der zerlassenen Schokolade verrühren, bis keine Klumpen mehr sichtbar sind.

5. Die Creme in einen Spritzbeutel füllen und die Cupcakes dekorieren. Jeweils mit einer Erdbeere verzieren.

Magdalenas mit Orangen-Zitronen-Sahne

Zutaten *für 8 Stück*

Für den Teig:
240 g Weizenmehl
200 g brauner Zucker
½ TL Salz
½ TL Zimt, gemahlen
2 TL Backpulver
1 Zitrone, unbehandelt
1 Orange, unbehandelt
1 TL Vanilleextrakt
80 g Maismehl
200 ml Sojamilch
90 ml Sonnenblumenöl
100 ml Olivenöl
Zucker

Für die Dekoration:
200 ml pflanzliche Schlagsahne
35 g Zucker
1 Orange, unbehandelt
1 Zitrone, unbehandelt

1. Den Backofen auf 180 °C vorheizen. Die trockenen Zutaten (Mehl, Zucker, Salz, Zimt und Backpulver) in einer Schüssel vermengen. Die Schale der Zitrone und der Orange abreiben. Das Maismehl in der Sojamilch auflösen und mit in die Schüssel geben. Das Sonnenblumenöl, das Olivenöl, die abgeriebene Schale der Zitrusfrüchte sowie den Vanilleextrakt hinzufügen. Alles mit einem Schneebesen gut verrühren, bis eine feine, gleichmäßige Masse entsteht. Die Förmchen bis zur Hälfte mit Teig befüllen und mit etwas Zucker bestreuen.

2. Im Backofen backen und herausnehmen, wenn die Garprobe mit dem Stäbchen gelingt. 3 Stunden kühl stellen.

3. Die Sahne, 50 ml Wasser und den Zucker in einen Topf geben. Die Schale der Zitrusfrüchte abschälen und hinzufügen. Das Gemisch bei mittlerer Hitze 2 Minuten lang köcheln und dann durch ein Sieb schütten. Für 4 Stunden im Kühlschrank kühl stellen. Dann die aromatisierte Sahne steif schlagen und die Magdalenas damit dekorieren.

Muffins mit BANANE

Zutaten *für 8 Stück*

Für den Teig:
310 g Weizenmehl
280 g brauner Zucker
1 TL Salz
80 g Kakao
1 TL Backpulver
½ TL Natron
1 TL Vanilleextrakt
190 ml Sonnenblumenöl
1 Banane

1. Den Backofen auf 180 °C vorheizen. Das Mehl, den Zucker, das Salz, den Kakao, das Backpulver und das Natron in einer Schüssel vermengen.

2. 270 ml Wasser, den Vanilleextrakt und das Sonnenblumenöl hinzufügen. Das Ganze mit einem Schneebesen gut verrühren, bis ein feiner, gleichmäßiger Teig entsteht.

3. Die Banane schälen, in feine Scheiben schneiden und vorsichtig unter die Masse heben.

4. Den Teig in die Backförmchen füllen, im Backofen backen und herausnehmen, wenn die Garprobe mit dem Stäbchen gelingt.

Muffins mit ZITRONE

Zutaten *für 8 Stück*

Für den Teig:
380 g Weizenmehl
280 g brauner Zucker
1 TL Salz
1 TL Backpulver
½ TL Natron
1 TL Vanilleextrakt
210 ml Sonnenblumenöl
3 Zitronen, unbehandelt

Für die Glasur:
225 g Puderzucker
75 g Zitronensaft

1. Den Backofen auf 180 °C vorheizen. Das Mehl, den Zucker, das Salz, das Backpulver und das Natron in einer Schüssel vermengen.

2. 270 ml Wasser, den Vanilleetrakt und das Sonnenblumenöl hinzugeben. Das Ganze mit einem Schneebesen gut verrühren, bis ein feiner, gleichmäßiger Teig entsteht.

3. Die Zitronenschale abreiben und unterheben. Den Teig in die Backförmchen füllen, im Backofen backen und herausnehmen, wenn die Garprobe mit dem Stäbchen gelingt

4. Für die Zitronenglasur den Puderzucker mit dem Zitronensaft gut mischen, bis keine Klumpen mehr sichtbar sind und die Muffins damit bestreichen.

Mini-Kuchen mit ERDBEEREN und Veilchensahne

Zutaten *für 16 Stück*

Für den Teig:
300 g Weizenmehl
210 g brauner Zucker
½ TL Salz
½ TL Natron
2 TL Backpulver
50 g frische Erdbeeren
200 ml Sojamilch
120 ml Sonnenblumenöl
1 TL Vanilleextrakt

Für die Dekoration:
200 g weiße Schokoladenglasur
 (von etwas weicherer Konsistenz)
rote Lebensmittelfarbe
300 ml pflanzliche Schlagsahne
violette Lebensmittelfarbe
1 g Veilchenöl

1. Den Backofen auf 180 °C vorheizen. Die trockenen Zutaten (Mehl, Zucker, Salz, Backpulver und Natron) in einer Schüssel vermengen. Die Erdbeeren in kleine Würfel schneiden. Die Sojamilch, das Öl und den Vanilleextrakt dazugeben und das Ganze mit einem Schneebesen vermischen. Die Erdbeeren vorsichtig unter die Masse heben. Den Teig bis zur Hälfte in längliche Backförmchen füllen.

2. Die Kuchen im Backofen backen und herausnehmen, wenn die Garprobe mit dem Stäbchen gelingt. Mindestens 8 Stunden im Gefrierfach aufbewahren, bevor die Kuchen aus der Form gelöst werden.

3. Die Schokoladenglasur langsam in einem Topf erhitzen, nach und nach die rote Lebensmittelfarbe hinzufügen und gut verrühren. Die Mini-Kuchen aus der Form lösen und sie auf ein Kuchengitter legen. Mit der Glasur bestreichen.

4. Die Sahne mit der Lebensmittelfarbe sowie dem Veilchenöl vermischen und steif schlagen. In einen Spritzbeutel geben und die Mini-Kuchen dekorieren. Um eine optimale Beschaffenheit zu erzielen, die Mini-Kuchen 1 Stunde im Kühlschrank aufbewahren, bevor sie serviert werden.

Mini-Kuchen mit PISTAZIENCREME und Kirschgelee

Zutaten *für 16 Stück*

Für den Teig:
295 g Weizenmehl
210 g brauner Zucker
½ TL Salz
20 g Kakao
1 ½ TL Backpulver
½ TL Natron
35 g Schokolade (70 % Kakaoanteil)
1 TL Vanilleextrakt
200 ml Sojamilch
100 ml Sonnenblumenöl

Für das Kirschgelee:
60 g Zucker
2 g Agar-Agar
200 g Kirschsaft

Für die Creme:
720 g Creme aus Frischkäse (Rezept s. S. 16)
40 g Pistazienpaste

1. Den Backofen auf 180 °C vorheizen. Die trockenen Zutaten (Mehl, Zucker, Salz, Kakao, Backpulver und Natron) in einer Schüssel vermengen. Die Schokolade zerkleinern und die Milch, das Öl und das Vanilleextrakt dazugeben. Alles gut verrühren, bis eine gleichmäßige Masse entsteht. Die Schokolade hinzufügen und das Ganze 1 Minute rühren. Den Teig bis zur Hälfte in längliche Backförmchen füllen.

2. Die Kuchen im Backofen backen und herausnehmen, wenn die Garprobe mit dem Stäbchen gelingt. Mindestens 8 Stunden im Gefrierfach aufbewahren, bevor sie aus der Form gelöst werden.

3. Für das Gelee 60 ml Wasser, den Zucker, den Agar-Agar und den Kirschsaft in einem Topf erhitzen. Vom Herd nehmen, sobald das Gemisch zu kochen beginnt und in eine rechteckige Backform gießen. Im Kühlschrank abkühlen lassen.

4. Für die Creme die Frischkäsecreme mit der Pistazienpaste vermischen, bis eine feine Masse entsteht. Damit die Mini-Kuchen dekorieren. Das Kirschgelee in Würfel schneiden und auf die Creme legen.

Mini-Kuchen mit Pistaziencreme und Kirschgelee

Mini-Kuchen mit SCHOKOLADE und Vanille-Oliven-Creme

Zutaten *für 16 Stück*

Für den Teig:
320 g Weizenmehl
210 g brauner Zucker
½ TL Salz
2 TL Backpulver
50 g Schokolade (50 % Kakaoanteil)
200 ml Sojamilch
100 ml Sonnenblumenöl
1 TL Vanilleextrakt

Für die Dekoration:
2 Vanilleschoten
720 g Creme aus Frischkäse
   (Rezept s. S. 16)
schwarze Oliven

1. Den Backofen auf 180 °C vorheizen. Die trockenen Zutaten (Mehl, Zucker, Salz und Backpulver) in einer Schüssel vermengen. Die Schokolade zerkleinern. Die Sojamilch, das Öl sowie den Vanilleextrakt zu den trockenen Zutaten geben und alles gut verrühren, bis eine gleichmäßige Masse entsteht. Die Schokolade hinzufügen und 1 Minute weiter rühren, bis alle Zutaten gut vermischt sind. Den Teig bis zur Hälfte in kleine, längliche Backformen füllen.

2. Die Kuchen im Backofen backen und herausnehmen, wenn die Garprobe mit dem Stäbchen gelingt. Mindestens 8 Stunden im Gefrierfach aufbewahren, bevor sie aus der Form gelöst werden.

3. Die Vanilleschoten aufschneiden und das Mark herauskratzen. Das Mark unter die Frischkäsecreme mischen, gut verrühren und die Mini-Kuchen dekorieren. Die Oliven entkernen und in ungleiche Stücke schneiden. Die Creme damit belegen.

Mini-Kuchen mit PASSIONSFRÜCHTEN und Mango-Gelee

Zutaten *für 16 Stück*

Für den Teig:
310 g Weizenmehl
220 g brauner Zucker
½ TL Salz
½ TL Zimt, gemahlen
½ TL Kardamom
2 TL Backpulver
200 ml Passionsfruchtsaft
130 ml Sonnenblumenöl
1 TL Vanilleextrakt
Sesam

Für das Mango-Gelee:
30 g Zucker
2 g Agar-Agar
200 ml Mangosaft

Für die Dekoration:
720 g Creme mit Margarine
   (Rezept s. S. 19)
2 g Passionsfruchtöl
gelbe Lebensmittelfarbe

1. Den Backofen auf 180 °C vorheizen. Die trockenen Zutaten (Mehl, Zucker, Salz, Zimt, Kardamom und Backpulver) in einer Schüssel vermengen. Den Passionsfruchtsaft, das Öl und den Vanilleextrakt dazugeben und alles gut vermischen, bis ein gleichmäßiger Teig entsteht. Den Teig zur Hälfte in kleine, längliche Backformen füllen. Mit etwas Sesam bestreuen.

2. Die Kuchen im Backofen backen und herausnehmen, wenn die Garprobe mit dem Stäbchen gelingt. Mindestens 8 Stunden im Gefrierfach aufbewahren, bevor sie aus der Form gelöst werden.

3. Für das Gelee in einem Topf 60 ml Wasser, den Zucker, den Agar-Agar und den Mangosaft vermischen. Bei mittlerer Temperatur erhitzen und vom Herd nehmen, wenn das Gemisch zu kochen beginnt. Die Mischung in eine rechteckige Backform gießen und im Kühlschrank aufbewahren.

4. Die Creme mit dem Passionsfruchtöl und der Lebensmittelfarbe vermischen. Die Mini-Kuchen damit dekorieren. Das Mango-Gelee in kleine Würfel schneiden und auf die Creme legen.

Mini-Kuchen mit Passionsfrüchten und Mango-Gelee 105

Mini-Kuchen mit ZITRONEN und Haselnuss-Schoko-Creme

Zutaten *für 16 Stück*

Für den Teig:
300 g Weizenmehl
210 g brauner Zucker
½ TL Salz
1 TL Natron
2 Zitronen, unbehandelt
130 ml Sonnenblumenöl
1 TL Vanilleextrakt
1 Prise Sesam

Für die Dekoration:
35 g Schokolade (50 % Kakaoanteil)
90 g Haselnusskrokant
75 g Eiswaffeln
320 g veganer Frischkäse
240 ml pflanzliche Schlagsahne
1 TL Vanilleextrakt

1. Den Backofen auf 180 °C vorheizen. Die trockenen Zutaten (Mehl, Zucker, Salz und Natron) in einer Schüssel vermengen. Die Schale von 1 Zitrone abreiben und den Saft von beiden Zitronen auspressen. Den Zitronensaft und die -schale, das Öl sowie den Vanilleextrakt hinzufügen und alles gut vermischen, bis ein gleichmäßiger Teig entsteht. Kleine, längliche Backformen zur Hälfte mit Teig befüllen. Mit etwas Sesam bestreuen.

2. Die Kuchen im Backofen backen und herausnehmen, wenn die Garprobe mit dem Stäbchen gelingt. Mindestens 8 Stunden im Gefrierfach aufbewahren, bevor die Kuchen aus der Form gelöst werden.

3. Die Schokolade schmelzen und mit dem Haselnusskrokant verrühren. Die Eiswaffeln zerkleinern und untermischen.

4. Für die Dekoration den Frischkäse mit 160 g der Schokoladen-Haselnuss-Mischung verrühren. Die Sahne mit dem Vanilleextrakt steif schlagen und unterheben. Alles zu einer gleichmäßigen Creme verrühren. Die Mini-Kuchen aus der Backform lösen und mit der knusprigen Haselnuss-Schoko-Creme dekorieren.

BROWNIES

Zutaten *für 6 Stück*

Für den Teig:

300 g Weizenmehl
350 g brauner Zucker
1 TL Salz
30 g Kakao
1 TL Backpulver
200 g Schokolade
200 g Margarine
1 TL Vanilleextrakt
50 g Haselnüsse

1. Den Backofen auf 150 °C vorheizen. Die trockenen Zutaten (Mehl, Zucker, Salz, Kakao und Backpulver) in einer Schüssel vermengen.

2. Die Schokolade und die Margarine in einem kleinen Topf bei geringer Hitze schmelzen.

3. Die trockenen Zutaten mit der aufgelösten Schokolade und der Margarine sowie mit 250 ml Wasser, dem Vanilleextrakt und den Nüssen vermischen. Alles gut verrühren. Ein 20 x 40 cm großes Backblech mit Backpapier auslegen. Den Teig daraufgeben und gleichmäßig verstreichen. Ca. 50 Minuten im Backofen backen. Etwas abkühlen lassen und in kleine Rechtecke schneiden.

>> Der **Brownie** ist ein typischer Schokoladenkuchen aus den USA. Er entstand bei einem kulinarischen Unfall Ende des 19. Jahrhunderts: Ein nordamerikanischer Koch vergaß, beim Backen eines Kuchens die Hefe hinzuzufügen. <<

Crumble mit ÄPFELN

Zutaten *für 6 Personen*
Für den Teig:
5 Äpfel (Golden Delicious)
Saft von 2 Zitronen
1 TL Zimt
100 g Weizenmehl
100 g Mandelmehl
100 g brauner Zucker
1 TL Salz
100 g Margarine

1. Die Äpfel schälen, entkernen und in Würfel schneiden. Die Stücke auf ein Blech geben. Mit dem Zitronensaft beträufeln und mit dem Zimt bestreuen.

2. Den Backofen auf 180 °C vorheizen. Die trockenen Zutaten (Mehl, Mandelmehl, Zucker und Salz) in einer Schüssel vermengen. Die Margarine dazugeben und alles verkneten.

3. Den Teig in kleinen Stückchen über die Äpfel geben.

4. Im Backofen backen und herausnehmen, wenn die Oberfläche goldbraun ist.

>> Der **Crumble** ist ein typischer englischer Kuchen, der mit verschiedenen Obstsorten hergestellt werden kann. Vermutlich entstand diese Süßspeise aus vergleichsweise einfachen Zutaten. <<

Crumble mit HASELNUSS

Zutaten *für 5 Personen*
Für den Teig:
100 g Weizenmehl
100 g Haselnüsse, gemahlen
100 g brauner Zucker
1 TL Salz
100 g Margarine

1 Den Backofen auf 180 °C vorheizen. Alle Zutaten in einer Schüssel gut verkneten.

2 Den Teig in kleinen Häufchen auf ein eingefettetes Backblech geben.

3 Im Backofen ca. 8 Minuten backen.

Sablés mit KAKAO

Zutaten *für 5 Personen*
Für den Teig:
70 g Weizenmehl
100 g Mandelmehl
30 g Kakao
100 g brauner Zucker
1 TL Salz
100 g Margarine
1 TL Vanillextrakt

1 Den Backofen auf 180 °C vorheizen. Alle Zutaten in einer Schüssel gut verkneten.

2 Den Teig auf einer bemehlten Arbeitsfläche ausrollen.

3 Mit einer runden Ausstechform (Ø ca. 4 cm) Kreise ausstechen und auf ein eingefettetes Backblech legen.

4 Ca. 8 Minuten im Backofen backen.

Sablés mit MANDELN und Orangenblüten

Zutaten *für 5 Personen*
Für den Teig:
100 g Weizenmehl
100 g Mandelmehl
100 g brauner Zucker
1 EL Salz
100 g Margarine
1 EL Orangenblüten

1 Den Backofen auf 180 °C vorheizen. Alle Zutaten in einer Schüssel gut vermischen.

2 Eine Arbeitsfläche mit Backpapier auslegen und die Masse daraufstreichen.

3 Mit einer runden Ausstechform (Ø ca. 4 cm) Kreise ausstechen und auf ein eingefettetes Backblech legen.

4 Ca. 8 Minuten im Backofen backen.

Crumble mit Haselnuss/Sablés mit Kakao/Sablés mit Mandeln und Orangenblüten

Cookies mit SCHOKOLADENSPLITTERN

Zutaten *für 6 Personen*

Für den Teig:
50 g Orangenkonfitüre
300 g Weizenmehl
200 g brauner Zucker
1 TL Salz
½ TL Natron
100 g Schokoladensplitter
300 g Margarine
1 TL Vanilleextrakt

1. Den Backofen auf 180 °C vorheizen. Die Orangenkonfitüre mit einem Messer zerkleinern.

2. Die trockenen Zutaten (Mehl, Zucker, Salz und Natron) in einer Schüssel vermengen.

3. Die Schokoladensplitter dazugeben, die Margarine, die Orangenkonfitüre und den Vanilleextrakt hinzufügen und alles zu einem festen Teig verarbeiten.

4. Aus dem Teig viele Cookies formen und auf ein eingefettetes Backblech legen.

5. Im Backofen ca. 10 Minuten backen, bis sie am Rand golden sind. Auf einem Gitter abkühlen lassen und servieren.

>> Zur Herstellung von **Orangenkonfitüre** benötigt man 1 Orange, 250 g Zucker und 200 ml Wasser. Die Orange in Scheiben schneiden und zusammen mit dem Zucker und dem Wasser ca. 2 Stunden kochen. <<

Cookies mit SCHOKOLADE

Zutaten *für 6 Personen*

Für den Teig:
280 g Weizenmehl
50 g Kakao
1 TL Salz
½ TL Natron
225 g Margarine
220 g brauner Zucker
85 g Schokolade (70 % Kakaoanteil)
1 TL Vanilleextrakt

1 Den Backofen auf 180 °C vorheizen. In einer Schüssel das Mehl, den Kakao, das Salz und das Natron vermengen.

2 In einem anderen Gefäß die Margarine und den Zucker vermischen.

3 Die Mehlmischung dazugeben und alles zu einem geschmeidigen Teig verkneten.

4 Die Schokolade zerkleinern und zusammen mit dem Vanilleextrakt in den Teig einarbeiten.

5 Aus dem Teig viele Cookies formen und auf ein eingefettetes Backblech legen. 10 Minuten im Backofen backen.

Kekse mit HIMBEEREN und Kokosnuss

Zutaten *für 6 Personen*
Für den Teig:
300 g Weizenmehl
45 g Mandelmehl
120 g Zucker
¼ TL Salz
180 g Margarine
1 TL Vanilleextrakt
1 Glas Himbeermarmelade
Kokosraspel

1 Den Backofen auf 160 °C vorheizen. In einer Schüssel das Mehl, das Mandelmehl, den Zucker, das Salz, die Margarine und den Vanilleextrakt zu einem geschmeidigen Teig verkneten.

2 Den Teig auf einer bemehlten Arbeitsfläche ausrollen. Mit einer runden Ausstechform (Ø ca. 7 cm) kleine Kreise ausstechen.

3 Ein Backblech mit Backpapier auslegen und die Kekse darauflegen. Im Backofen ca. 10 Minuten backen.

4 Die Kekse bei Zimmertemperatur 1 Stunde abkühlen.

5 Die Hälfte der Kekse mit der Himbeermarmelade bestreichen. Jeweils einen Keks mit Marmelade und einen unbestrichenen Keks aufeinanderlegen und den Rand in Kokosraspeln wälzen.

6 Die Kekse vor dem Servieren 2 Stunden im Kühlschrank kühlen.

Kekse mit Himbeeren und Kokosnuss

Kastenkuchen mit HIMBEEREN und Rosen

Zutaten *für 6 Personen*

Für den Teig:

300 g Weizenmehl
50 g Maismehl
120 g brauner Zucker
1 TL Salz
2 TL Stärke
125 ml Sonnenblumenöl
60 ml Rosenwasser
10 frische Himbeeren

1. Den Backofen auf 180 °C vorheizen. In einer Schüssel das Mehl, das Maismehl, den Zucker, das Salz und die Stärke vermengen.

2. Das Öl, 80 ml Wasser sowie das Rosenwasser hinzufügen und alles zu einem gleichmäßigen Teig verrühren.

3. Den Teig in eine Kastenform füllen und die Himbeeren in den Teig drücken.

4. Im Backofen backen und herausnehmen, wenn die Garprobe mit dem Stäbchen gelingt.

>> **Sonnenblumenöl** ist sehr gesund und reich an ungesättigten Fetten, Vitamin E sowie Antioxidantien. Es senkt den Cholesterinspiegel und die Triglyceride im Blut. <<

>> Die **Himbeere** ist eine der kalorienärmsten Beeren, die es gibt (32 kcal pro 100 g). Sie ist reich an Mangan, Eisen, Magnesium, Phosphor, Kalzium und Kalium. <<

>> **Rosenwasser** erhält man durch die Destillation von Rosenblütenblättern. Aufgrund seines intensiven Geschmacks wird es gerne zur Herstellung von Desserts eingesetzt. <<

Kastenkuchen mit Himbeeren und Rosen

Scones mit HEIDELBEEREN

Zutaten *für 6 Personen*
Für den Teig:
370 g Weizenmehl
130 g Zucker
1 Prise Salz
1 EL Backpulver
120 g Margarine
2 Zitronen, unbehandelt
100 g Heidelbeeren

1. Den Backofen auf 180 °C vorheizen. Das Mehl, den Zucker, das Salz und das Backpulver in einer Schüssel vermengen. Die Schale der Zitronen abreiben.

2. Die Margarine hinzufügen und alles zu einem krümeligen Teig verkneten.

3. 130 ml Wasser sowie die Zitronenschale dazugeben und alles gut verkneten.

4. Die Heidelbeeren hinzufügen und einen runden Laib formen.

5. Den Teiglaib in 6 Stücke schneiden und im Backofen ca. 18 Minuten backen.

Scones mit Heidelbeeren

Kuchen mit KAROTTEN und Walnüssen

Zutaten *für 10 Personen*

Für den Teig:
300 g Vollkornmehl
270 g brauner Zucker
1 TL Salz
1 TL Zimt
1 TL Backpulver
1 TL Natron
300 g Karotten
190 ml Sonnenblumenöl
1 TL Vanilleextrakt
130 g Walnüsse

Für die Orangenglasur:
300 g Puderzucker
100 ml Orangensaft

1. Den Backofen auf 180 °C vorheizen. Die trockenen Zutaten (Mehl, Zucker, Salz, Zimt, Backpulver und Natron) in einer Schüssel vermengen. Die Karotten schälen, schneiden und raspeln. Die Walnüsse grob hacken.

2. Das Öl, 200 ml Wasser, den Vanilleextrakt, die Karotten und die Nüsse hinzufügen. Alles zu einem gleichmäßigen Teig verrühren.

3. Den Teig in eine Backform füllen, im Backofen backen und herausnehmen, wenn die Garprobe mit dem Stäbchen gelingt.

4. Für die Orangenglasur den Puderzucker mit dem Orangensaft mischen und das Ganze gut verrühren, bis keine Klumpen mehr sichtbar sind.

5. Den Kuchen mit der Glasur bestreichen und servieren.

Biskuit mit Agavensirup und Reismilch

Zutaten *für 6 Personen*

Für den Teig:
200 g Weizenmehl
1 TL Speisestärke
½ TL Salz
1 TL Zimt
1 TL Natron
80 ml Agavensirup
90 ml Sonnenblumenöl
110 ml Reismilch

1. Den Backofen auf 150 °C vorheizen. Die trockenen Zutaten (Mehl, Stärke, Salz, Zimt und Natron) in einer Schüssel vermengen.

2. Den Sirup, das Öl und die Reismilch hinzufügen und alles zu einem gleichmäßigen Teig verrühren.

3. Den Teig in eine Backform füllen. Im Backofen backen und herausnehmen, wenn die Garprobe mit dem Stäbchen gelingt.

>> **Agavensirup** ist ein süßer Pflanzensaft, der aus einem tropischen Kaktus aus Amerika und der Karibik gewonnen wird. Dank seines hohen Gehalts an Fruktose und Glukose hat er die doppelte Süßkraft wie Zucker. <<

>> **Reismilch** ist ein pflanzliches Getränk, das besonders bei Magenverstimmungen und Verdauungsproblemen empfohlen wird. <<

Rührkuchen mit KIRSCHEN

Zutaten *für 6 Personen*

Für den Teig:
150 g Weizenmehl
30 g Maismehl
¼ TL Speisestärke
110 g Zucker
½ TL Salz
1 TL Natron
Saft von 2 Zitronen
100 ml Sonnenblumenöl
140 ml Hafermilch
300 g Kirschen
10 g Pektin
150 g Zucker

1. Den Backofen auf 170 °C vorheizen. Die trockenen Zutaten (Mehl, Maismehl, Speisestärke, Zucker, Salz und Natron) in einer Schüssel vermengen.

2. Das Öl, den Zitronensaft und die Hafermilch dazugeben und alles zu einem gleichmäßigen Teig verrühren.

3. Den Teig in eine Backform füllen. Im Backofen backen und herausnehmen, wenn die Garprobe mit dem Stäbchen gelingt. Den Kuchen dann auskühlen lassen.

4. Die Kirschen entkernen und etwas zerkleinern. In einem Topf erhitzen.

5. Das Pektin mit dem Zucker mischen und nach und nach zu den Kirschen geben. Das Gemisch unter Rühren zum Kochen bringen.

6. Die fertige Kirschmarmelade auf dem Teig verteilen und 3 Stunden im Kühlschrank abkühlen lassen.

>> **Hafermilch** ist ein sehr wohlschmeckendes pflanzliches Getränk. Es ist reich an Ballaststoffen und senkt den Cholesterinspiegel. Außerdem harmonisiert es die Darmflora und trägt so zu einer guten Verdauung bei. <<

>> **Pektin** ist ein Geliermittel, das häufig zur Herstellung von Marmelade, Konfitüre oder Gelee verwendet wird. Man erhält es durch Extraktion von Pflanzenstoffen (Äpfel und Zitrusfrüchte). <<

Kuchen mit HEIDELBEEREN und Zitronen

Zutaten *für 6 Personen*

Für den Teig:

175 g Weizenmehl
140 g brauner Zucker
½ TL Salz
¼ TL Backpulver
½ TL Natron
Saft von 2 Zitronen
1 TL Vanilleextrakt
150 ml Sonnenblumenöl
100 g Heidelbeeren

1. Den Backofen auf 180 °C vorheizen. Die trockenen Zutaten (Mehl, Zucker, Salz, Backpulver und Natron) in einer Schüssel vermengen.

2. 140 ml Wasser, den Zitronensaft, den Vanilleextrakt und das Sonnenblumenöl hinzufügen. Alles zu einem feinen, gleichmäßigen Teig verrühren.

3. Die Heidelbeeren vorsichtig unter den Teig heben.

4. Den Teig in eine Kastenform füllen, im Backofen backen und herausnehmen, wenn die Garprobe mit dem Stäbchen gelingt.

Tipp

Anstatt der Heidelbeeren können auch Himbeeren verwendet werden. Sie passen geschmacklich hervorragend zu den Zitronen.

Kuchen mit HASELNÜSSEN, Pflaumen und Mandeln

Zutaten *für 12 Personen*

Für den Teig:
320 g Weizenmehl
2 TL Speisestärke
250 g Zucker
1 TL Salz
1 TL Zimt
180 ml Sonnenblumenöl
250 ml Sojamilch
120 g Pflaumen
50 g Haselnüsse
50 g Mandeln

1. Den Backofen auf 180 °C vorheizen. Die trockenen Zutaten (Mehl, Stärke, Zucker, Salz und Zimt) in einer Schüssel vermengen.

2. Das Öl und die Milch hinzufügen und alles gut verrühren, bis ein feiner, gleichmäßiger Teig entsteht.

3. Die Trockenfrüchte sowie die Nüsse hacken und untermischen.

4. Den Teig in eine rechteckige Backform füllen und mit etwas Zucker bestreuen. Im Backofen backen und herausnehmen, wenn die Garprobe mit dem Stäbchen gelingt.

Kuchen mit AHORNSIRUP und Zitronen

Zutaten *für 6 Personen*

Für den Teig:
120 g Vollkornmehl
80 g Puderzucker
170 g Margarine

Für die Füllung:
300 g Ahornsirup
180 g Semmelbrösel
3 Zitronen, unbehandelt

Außerdem:
getrocknete Hülsenfrüchte zum Blindbacken

1. Den Backofen auf 170 °C vorheizen. In einer Schüssel das Mehl, den Zucker und die Margarine vermengen. Das Ganze ca. 5 Minuten gut kneten.

2. Den Teig in eine eingefettete Backform geben und mit Backpapier abdecken. Mit getrockneten Hülsenfrüchten 15 Minuten im Backofen blindbacken. Herausnehmen und Backpapier sowie die Hülsenfrüchte abnehmen.

3. In einem Topf den Ahornsirup erhitzen. Die Schale von 1 Zitrone abreiben und deren Saft auspressen. Die anderen beiden Zitonen in dünne Scheiben schneiden.

4. Die Semmelbrösel, die Zitronenschale und den -saft zum Sirup geben. Alles gut umrühren und über den gebackenen Teig geben. Den Kuchen mit Zitronenscheiben belegen.

5. Im Backofen ca. 30 Minuten backen. Im Kühlschrank ca. 4 Stunden abkühlen lassen und servieren.

Törtchen mit ZITRONE

Zutaten *für 6 Personen*

Für die Böden:
75 g Margarine
15 g Mandeln, gemahlen
40 g Puderzucker
130 g Weizenmehl

Für die Füllung:
2 Zitronen, unbehandelt
100 ml Sojamilch
120 g Zucker
50 g Maismehl
80 ml Maisöl

Für die Creme:
1 Zitrone, unbehandelt
100 g Margarine
200 g Puderzucker

1. Den Backofen auf 150 °C vorheizen. Für den Teig in einer Schüssel die Margarine, die Mandeln, den Puderzucker und das Mehl zu einer gleichmäßigen Masse vermengen. Mit Frischhaltefolie abdecken und 2 Stunden im Kühlschrank ruhen lassen.

2. Den kalten Teig auf einer bemehlten Arbeitsfläche ausrollen. 6 kleine runde Backformen ohne Boden auf ein eingefettetes Backblech stellen und mit Teig auskleiden.

3. Den Teig in den Backformen mit Backpapier belegen und mit getrockneten Hülsenfrüchten 15 Minuten blindbacken.

4. Das Backpapier und die Hülsenfrüchte abnehmen und den Teig auskühlen lassen.

5. Für die Füllung die Schale der Zitronen abreiben und den Saft auspressen. Mit der Sojamilch und dem Zucker in einen Topf geben und alles bei geringer Hitze zum Kochen bringen.

6. In einem anderen Topf das Maismehl in 60 ml Wasser auflösen und zum Kochen bringen. Den Topfinhalt in den anderen Topf geben. Einige Minuten unter Rühren köcheln.

7. Den Topf vom Herd nehmen und das Öl einrühren. Die Füllung auf die Törtchen verteilen und einige Stunden im Kühlschrank abkühlen lassen.

8. Für die Creme die Schale der Zitrone abreiben und den Saft auspressen. Die Margarine und den Puderzucker verrühren, bis keine Klumpen mehr zu sehen sind. Nach und nach den Zitronensaft und die -schale hinzufügen. Die Zitronencreme in einen Spritzbeutel füllen und die Törtchen damit dekorieren.

Törtchen mit Zitrone

Torte mit SCHOKOLADE und Kaffee

Zutaten *für 12 Stück*

Für den Teig:
150 g Weizenmehl
130 g brauner Zucker
½ TL Salz
1 TL Natron
1 TL Backpulver
40 g Kakao
10 g Kaffee, gemahlen
130 ml Sonnenblumenöl
125 ml Sojamilch
1 TL Vanilleextrakt

Für die Creme:
100 g Schokolade (70 % Kakaoanteil)
200 g Margarine
2 EL Sonnenblumenöl
125 g Puderzucker
4 EL Haselnussmilch
1 TL löslicher Kaffee

1. Den Backofen auf 180 °C vorheizen. Die trockenen Zutaten (Mehl, Zucker, Salz, Natron, Backpulver, Kakao und Kaffee) in einer Schüssel vermengen.

2. Das Öl, die Sojamilch und den Vanilleextrakt hinzufügen. Alles gut verrühren, bis eine gleichmäßige Masse entsteht.

3. Den Teig in eine runde Backform (Ø ca. 20 cm) füllen und im Backofen backen, bis die Garprobe mit dem Stäbchen gelingt. Im Kühlschrank 6 Stunden auskühlen lassen.

4. Die Schokolade im Wasserbad schmelzen. In einer anderen Schüssel die Margarine, das Öl und den Puderzucker mischen. Mit einem Schneebesen die Schokolade unterheben und eine klumpenfreie Creme herstellen.

5. Nach und nach die Haselnussmilch angießen und den löslichen Kaffee dazugeben. Weiterhin kräftig rühren.

6. Mit einem Teigschaber den Kuchen mit der Schokoladencreme bestreichen.

7. Im Kühlschrank 3 Stunden kühlen und kalt servieren.

>> Es ist sinnvoll, Margarine aus ungehärteten Fetten zu verwenden. Sie ist fast frei von Transfettsäuren, die für das Herz-Kreislauf-System eine Gefährdung darstellen. <<

Tipp

Haselnussmilch ist eine gute Ergänzung der täglichen Ernährung. Sie ist reich an Vitamin A und E, Folsäure, Kalzium, Magnesium und Ballaststoffen. Außerdem enthält sie pflanzliche Proteine von sehr guter Qualität, was für Veganer ideal ist.

SACHERTORTE

Zutaten *für 12 Personen*

Für den Teig:
300 g Weizenmehl
2 TL Speisestärke
60 g Kakao
225 g brauner Zucker
1 TL Salz
1 TL Natron
130 ml Sonnenblumenöl
Aprikosenmarmelade

Für den Schokoladenüberzug:
200 g Schokolade
 (70 % Kakaoanteil)
150 g Margarine
50 ml Sonnenblumenöl

1. Den Backofen auf 180 °C vorheizen. Die trockenen Zutaten (Mehl, Stärke, Kakao, Zucker, Salz und Natron) in einer Schüssel vermengen.

2. 250 ml Wasser und das Öl hinzufügen und alles zu einem feinen, gleichmäßigen Teig verarbeiten.

3. Den Teig in 2 gleiche Portionen teilen und jeweils in eine runde Backform (Ø 20 cm) füllen. Im Backofen 2 Teigböden backen und herausnehmen, wenn die Garprobe mit dem Stäbchen gelingt. Die Böden 2 Stunden kühl stellen.

4. Die beiden Böden horizontal auseinanderschneiden. 3 der Böden mit der Marmelade bestreichen und alle 4 Böden aufeinandersetzen. Dabei darauf achten, dass die Marmelade nicht an den Seiten hinausdrückt. Den Kuchen kalt stellen.

5. Für den Überzug die Schokolade im Wasserbad schmelzen und mit der Margarine und dem Öl vermischen. Die Mischung mit einem Schneebesen glattrühren. Die Torte mit der Schokolade überziehen und kalt stellen.

FLAP JACKS

Zutaten *für 12 Personen*
200 g Margarine
350 g Haferflocken
150 ml Ahornsirup

1. Den Backofen auf 150 °C vorheizen. Die Margarine im Topf langsam schmelzen und mit dem Ahornsirup und den Haferflocken vermischen.

2. In eine Auflaufform geben, im Backofen backen und herausnehmen, wenn die Ränder goldgelb werden.

3. 3 Stunden kühl stellen und dann in Rechtecke schneiden.

Tipp

Wer die Flap Jacks weniger süß bevorzugt, kann anstatt Ahornsirup auch Agavensirup verwenden.

Flap Jacks mit VANILLE-Glasur

Zutaten *für 12 Personen*
300 g Margarine
150 ml Ahornsirup
350 g Haferflocken
200 g Puderzucker
1 TL Vanilleextrakt

1. Den Backofen auf 180 °C vorheizen. 200 g Margarine im Topf langsam schmelzen und mit dem Ahornsirup und den Haferflocken vermischen.

2. In eine Auflaufform geben, im Backofen backen und herausnehmen, wenn die Ränder goldgelb werden. Kühl aufbewahren.

3. In einer Schüssel 100 g Margarine cremig rühren. Den Zucker und den Vanilleextrakt dazugeben und alles kräftig verrühren.

4. Die Flap Jacks mit der Mischung bestreichen und in Rechtecke schneiden. Vor dem Sevieren 2 Stunden kühlen.

Trüffel „Montserrat"

Zutaten *für 6 Personen*
1 Vanilleschote
250 ml Sojamilch
100 ml Ahornsirup
5 Minzblätter
500 g dunkle Schokolade
   (70 % Kakaoanteil)
100 g Puderzucker
100 g Kakao

1. Das Mark der Vanilleschote herauskratzen. Die Sojamilch mit dem Vanillemark, dem Ahornsirup und den Minzblättern in einen Topf geben und zum Kochen bringen.

2. Die Schokolade zerkleinern. Die Milchmischung vom Herd nehmen und die Schokolade hinzufügen. Die Masse mit einem Schneebesen kräftig rühren, bis sie klumpenfrei ist. Ca. 90 Minuten im Kühlschrank kühl stellen.

3. In einer Schüssel den Puderzucker mit dem Kakao vermischen.

4. Aus der Masse kleine Trüffel formen und in der Kakao-Zuckermischung wälzen. Im Kühlschrank abkühlen lassen und kalt servieren.

Kugeln mit KOKOSNUSS

Zutaten *für 6 Personen*
½ Tasse Kokosöl
1 Tasse Kokosraspel
1 Tasse Mandelmehl
½ Tasse Agavensirup
¼ TL Salz
Kokosraspel

1. Das Kokosöl in eine Schale geben und im Wasserbad schmelzen.

2. In einem Topf die Kokosraspel, das Mandelmehl, den Sirup, das Kokosöl sowie das Salz zu einer gleichmäßigen und kompakten Masse verarbeiten.

3. Aus dem Teig kleine Kugeln formen und in den Kokosraspeln wälzen.

4. Einige Stunden im Kühlschrank kühlen und kalt servieren.

>> **Kokosnussöl** ist ein sehr aromatisches und geschmackvolles Pflanzenfett. Es ist reich an Milchsäure, die auch in der Muttermilch enthalten ist. Außer seiner kulinarischen Nutzung wird es auch zur Herstellung von Seifen oder anderen natürlichen Kosmetika verwendet. <<

Mousse au Chocolat

Tipp

Wer den Orangengeschmack nicht mag, kann anstatt des Orangenwassers einen Kräuteraufguss (z. B. Minze oder Oregano) verwenden.

Zutaten *für 6 Personen*
125 ml pflanzliche Schlagsahne
225 g Schokolade
 (70 % Kakaoanteil)
100 ml Sojamilch
1 Vanilleschote
ca. 1 EL Orangenwasser
ca. 1 EL vegane Butter

1 In einem Topf die Sahne mit der zerkleinerten Schokolade erhitzen. Währenddessen die Milch in einen hohen Becher füllen.

2 Die erhitzte Schokoladensahne und das ausgekratzte Mark der Vanilleschote hinzufügen und die Mischung mit dem elektrischen Handrührer auf niedriger Stufe schlagen.

3 Das Orangenwasser und die vegane Butter dazugeben und alles zu einer feinen Masse verarbeiten.

4 Die Masse in 6 Schälchen füllen und ca. 6 Stunden im Kühlschrank kühlen, bis sie fest ist.

Zitruscreme mit KARAMELLISIERTEM Zucker

Zutaten *für 6 Personen*
1 Zitrone, unbehandelt
1 Orange, unbehandelt
¼ TL Agar-Agar
500 ml Sojamilch
1 Zimtstange
80 g Zucker
20 g Maismehl
Zucker zum Karamellisieren

1. Die Schale der Zitrone und der Orange abreiben. Den Agar-Agar unter die Sojamilch rühren, bis er sich komplett auflöst.

2. Den Zimt und die Schale der Zitrusfrüchte sowie den Zucker hinzufügen. Die Mischung zum Kochen bringen.

3. Das Maismehl in wenig Wasser auflösen und in die Milchmischung einrühren.

4. Bei geringer Hitze einige Minuten unter ständigem Rühren kochen. Die Zimtstange wieder herausnehmen.

5. Die Creme in 6 Schälchen füllen und 3 Stunden im Kühlschrank kühlen.

6. Vor dem Servieren in einer Pfanne etwas Zucker karamellisieren und die Creme damit beträufeln.

Pudding mit ERDBEEREN und Karamell

Zutaten *für 6 Personen*
1 Vanilleschote
500 ml Reismilch
80 g Agavensirup
40 g Maismehl
6 TL flüssiger Karamell
36 Erdbeeren (6 Stück pro Person)
100 g Zucker

1. Für den Pudding das Mark der Vanilleschote herauskratzen. Die Reismilch mit dem Sirup und dem Vanillemark zum Kochen bringen.

2. Das Maismehl mit etwas Wasser anrühren und dazugeben. Das Gemisch gut verrühren und 3 Minuten bei geringer Hitze köcheln.

3. Eine Schicht flüssigen Karamell auf den Boden von 6 Puddingförmchen geben.

4. Den Pudding in die Förmchen gießen und 5 Stunden im Kühlschrank kühl stellen.

5. Etwa 12 Erdbeeren mit dem Zucker in einen Topf geben und 3 Minuten köcheln.

6. Die gekochten Erdbeeren auf die restlichen geben und im Kühlschrank kühlen.

7. Den Pudding stürzen und mit den Erdbeeren auf Tellern anrichten und nach Belieben dekorieren.

Lollis mit BANANE

Tipp
Man kann den Mandelkrokant auch durch andere Zutaten wie Erdnüsse, Haselnüsse oder Cashewkerne ersetzen. Sie müssen ebenfalls kleingehackt und geröstet sein. Nur so erhalten die Lollis ihren knusprigen Geschmack.

Zutaten *für 6 Personen*
1 Banane
200 g Schokolade
  (70 % Kakaoanteil)
150 g Margarine
60 ml Sonnenblumenöl
50 g Mandelkrokant
12 lange Holzspieße

1. Die Banane schälen und in Scheiben schneiden. Auf jeden Holzspieß eine Bananenscheibe stecken und ins Gefrierfach legen.

2. Die Schokolade mit der Margarine im Wasserbad schmelzen. Das Öl dazugeben und alles gut vermischen.

3. Die Bananenscheiben in die Schokoladensoße tauchen und mit dem Mandelkrokant bestreuen.

4. Die Lollis kalt, jedoch nicht gefroren servieren.

>> Um **Mandelkrokant** selbst herzustellen, zerkleinert man 100 g Mandeln und schwenkt sie in einem Esslöffel Oliven- oder Sonnenblumenöl in einer Pfanne. Wenn die Mandeln geröstet sind, einen Esslöffel Zucker hinzufügen und alles gut verrühren. Sobald sich der Zucker aufgelöst hat, den Herd ausschalten und die Mischung in der Pfanne abkühlen lassen. <<

Orangencreme mit RUM-ROSINEN

Zutaten *für 6 Personen*
200 g Rosinen
50 ml Rum
1 Orange, unbehandelt
500 ml Sojamilch
80 g Zucker
30 g Maismehl
1 Blutorange, unbehandelt

>> **Sojamilch** ist ein pflanzliches Getränk, das keine Laktose, Kasein (Laktoseprotreine), Vitamin B12, gesättigte Fette oder Cholesterin enthält. Sie liefert weniger Natrium und Kalorien als Kuhmilch. <<

1. Die Rosinen in einen Topf geben und mit Wasser bedecken. Den Rum hinzufügen und bei geringer Hitze 30 Minuten köcheln. Etwas abkühlen lassen und in kleine Gläser füllen.

2. Die Schale der Orange abreiben. Die Milch mit dem Zucker zum Kochen bringen und die Orangenschale dazugeben.

3. Das Maismehl in etwas Wasser auflösen und in die Milchmischung einrühren. Alles 2 Minuten bei geringer Hitze unter ständigem Rühren köcheln.

4. Die Orangencreme etwas abkühlen lassen und in die Gläser auf die Rosinen schichten. Dabei darauf achten, dass sich die beiden Schichten nicht vermischen.

5. Die Gläser einige Stunden im Kühlschrank kühlen. Vor dem Servieren mit einer Scheibe Blutorange dekorieren.

Shake mit RUM und Banane

Zutaten *für 6 Personen*
6 Bananen
4 EL brauner Zucker
600 ml Sojamilch
250 ml Rum
50 g Rosinen

1. Die Bananen schälen und in Scheiben schneiden.

2. Alle Zutaten mit einem Pürierstab zu einem cremigen Shake verarbeiten.

3. Den Shake kühl aufbewahren und in 6 Gläsern servieren.

Shake mit AVOCADO und Kakao

Zutaten *für 6 Personen*
3 Avocados
1,2 l Sojamilch
80 g brauner Zucker
1 EL Kakao
1 TL Vanilleextrakt

1. Die Avocados schälen, halbieren und den Stein entfernen. Eine Hälfte beiseitestellen.

2. Die Avocados zerkleinern und mit 600 ml Sojamilch und dem Zucker gleichmäßig pürieren.

3. Den Shake bis zur Hälfte in die Gläser füllen. Die restliche Milch mit dem Kakao, dem Vanilleextrakt und der halben Avocado vermischen und pürieren.

4. Diese Mischung vorsichtig in jedes Glas füllen. Dabei darauf achten, dass die beiden Schichten sich nicht vermischen. Kalt servieren.

Shake mit HIMBEEREN und Holunder

Zutaten *für 6 Personen*
800 g Himbeeren
5 Holunderblüten
300 ml Sojamilch
100 g Zucker
1 TL Vanilleextrakt

1. Alle Zutaten zerkleinern und vermischen. Mit dem Pürierstab zu einer feinen und gleichmäßigen Creme verarbeiten.

2. In 6 Gläser füllen und mit Holunderblüten und Himbeeren garnieren.

Rezept-Register

Biskuit mit Agavensirup und Reismilch 121
Brownies 108

Cookies mit Schokolade 113
Cookies mit Schokoladensplittern 112
Crumble mit Äpfeln 109
Crumble mit Haselnuss 110
Cupcake mit Waldbeeren und Frischkäse 62
Cupcakes „Apfelstrudel" 37
Cupcakes „Cappuccino" 90
Cupcakes „Isfahan" 52
Cupcakes „Limoncello" 53
Cupcakes „Piña colada" 74
Cupcakes „Red Velvet" 45
Cupcakes „Sachertorte" 36
Cupcakes „Tiramisu" 42
Cupcakes mit Äpfeln und Zitronen 71
Cupcakes mit Birnen und Ahornsirup 34
Cupcakes mit Birnen und Maronen-Cognac-Creme 76
Cupcakes mit Creme und Schokoladen-Sablés 84
Cupcakes mit Erdbeeren 56
Cupcakes mit Erdbeeren und Schokocreme 93
Cupcakes mit Frischkäse und Kürbis 48
Cupcakes mit Grüntee 91
Cupcakes mit Haselnusskrokant 60
Cupcakes mit Heidelbeeren 72
Cupcakes mit Himbeeren und Feigen 58
Cupcakes mit Himbeeren und Rosen 92
Cupcakes mit Ingwer-Konfitüre und Gewürzen 59
Cupcakes mit Karotten und Rosinen 73
Cupcakes mit Kokosnuss 30
Cupcakes mit Kürbis und Walnuss 32
Cupcakes mit Limette und Haselnuss-Karamell 78
Cupcakes mit Mango 90
Cupcakes mit Matcha-Tee und Schokoladensahne 26
Cupcakes mit Matcha-Tee und Sesam 29
Cupcakes mit Nüssen und Ahornsirup 49
Cupcakes mit Orange und Lakritz 28
Cupcakes mit Passionsfrüchten und Gin 88
Cupcakes mit Pistazien und Himbeeren 46
Cupcakes mit Schlagsahne und Karamell 38
Cupcakes mit Schokolade und Banane 24
Cupcakes mit Schokolade und Erdbeeren 66
Cupcakes mit Schokolade und Erdnüssen 86
Cupcakes mit Schokolade und Kakaofüllung 80
Cupcakes mit Schokolade und Passionsfrüchten 50
Cupcakes mit Schokolade, Anis und Karamell 82
Cupcakes mit Schokolade, Frischkäse und Limoncello 64
Cupcakes mit Toffee 44
Cupcakes mit Vanille und weißer Schokolade 40
Cupcakes mit Walnüssen und Kokos 54
Cupcakes mit weißer Schokolade und Mandeln 68
Cupcakes mit Whisky und Himbeeren 70

Flap Jacks 133
Flap Jacks mit Vanille-Glasur 134

Kastenkuchen mit Himbeeren und Rosen 116
Kekse mit Himbeeren und Kokosnuss 114
Kuchen mit Ahornsirup und Zitronen 126
Kuchen mit Haselnüssen, Pflaumen und Mandeln 125
Kuchen mit Heidelbeeren und Zitronen 124
Kuchen mit Karotten und Walnüssen 120
Kugeln mit Kokosnuss 136

Lollis mit Banane 142

Magdalenas mit Orangen-Zitronen-Sahne 94
Mini-Kuchen mit Erdbeeren und Veilchensahne 98
Mini-Kuchen mit Passionsfrüchten und Mango-Gelee 104
Mini-Kuchen mit Pistaziencreme und Kirsch-gelee 100
Mini-Kuchen mit Schokolade und Vanille-Oliven-Creme 102
Mini-Kuchen mit Zitronen und Haselnuss-Schoko-Creme 106
Mousse au Chocolat 137
Muffins mit Banane 97
Muffins mit Zitrone 97

Orangencreme mit Rum-Rosinen 141

Pudding mit Erdbeeren und Karamell 139

Rührkuchen mit Kirschen 122

Sablés mit Kakao 110
Sablés mit Mandeln und Orangenblüten 110
Sachertorte 132
Scones mit Heidelbeeren 118
Shake mit Avocado und Kakao 142
Shake mit Himbeeren und Holunder 142
Shake mit Rum und Banane 142

Törtchen mit Zitrone 128
Torte mit Schokolade und Café 130
Trüffel „Montserrat" 135

Zitruscreme mit karamellisiertem Zucker 138

Erstveröffentlichung unter den Titeln:
„Cupcake Veganos – Las recetas más sanas y deliciosas para endulzar la sobremesa"
© Toni Rodríguez, 2013
© Editorial Océano, S.L., 2013
und „Delicias veganas – Más de 80 exquisitas recetas"
© Toni Rodríguez 2011
© Editorial Océano, S.L. 2011
Grupo Océano, Milanesat 21-23, 08017 Barcelona
www.oceano.com

Genehmigte Lizenzausgabe
EDITION XXL GmbH
Fränkisch-Crumbach 2013
www.edition-xxl.de

Fotografie: Becky Lawton
Requisiten: www.pipstudio.com, Agnes Cobotaite
Illustrationen: Dreamstime, Lavandaart für Dreamstime
Verantwortliche: Esther Sanz
Übersetzung aus dem Spanischen: Petra Kumbartzky
Layout, Satz und Umschlaggestaltung:
design cat GmbH

ISBN (13) 978-3-89736-023-5
ISBN (10)   3-89736-023-3

Der Inhalt dieses Buches wurde von Autor und Verlag sorfältig erwogen und geprüft. Es kann keine Haftung für Personen-, Sach- und/oder Vermögensschäden übernommen werden.

Kein Teil dieses Werkes darf ohne schriftliche Einwilligung des Verlages in irgendeiner Form (inkl. Fotokopien, Mikroverfilmung oder anderer Verfahren) reproduziert oder unter Verwendung elektronischer oder mechanischer Systeme verarbeitet, vervielfältigt oder verbreitet werden.

Bildnachweis:
Shutterstock: Aaron Amat 11; Alena Ozerova 14–15; Andrii Gorulko 11; Andris Tkacenko 10; bonchan 11; Brent Hofacker 10; CandyBox Images 2–3; Diana Taliun 10; Fotofermer 10; Gavran333 13; Givaga 13; gresei 10; Hein Nouwens 13; inxti 11; Ivana Forgo 6, 10, 11, 12, 13, 16, 17, 18, 19, 21, 24, 27, 28, 30, 35, 38, 41, 44, 48, 52, 53, 54, 57, 58, 65, 66, 75, 76, 79, 83, 86, 89, 95, 97, 100, 107, 109, 113, 114, 118, 120, 121 123, 125, 127, 128, 133, 134, 135, 136, 141; Jiri Hera 11; Liliya Sayfeeva Trott 22–23; Lilyana Vynogradova 138; M. Unal Ozmen 12; MShev 135; Oliver Hoffmann 10; Pamela Uyttendaele 13; Peter Zijlstra 13; Planner 12; Timothy Hodgkinson 12; Valentina Proskurina 12; Viktor1 13; zirconicusso 12–13